U0454615

体育教学与运动训练探究

介 博 夏钊伟 孙 哲◎著

四川科学技术出版社

图书在版编目（CIP）数据

体育教学与运动训练探究 / 介博，夏钊伟，孙哲著 .
-- 成都：四川科学技术出版社，2023.7（2024.7 重印）
ISBN 978-7-5727-1035-3

Ⅰ . ①体… Ⅱ . ①介… ②夏… ③孙… Ⅲ . ①体育教
学—教学研究②运动训练—教学研究 Ⅳ . ① G807.4
② G808.1

中国国家版本馆 CIP 数据核字（2023）第 124080 号

体育教学与运动训练探究
TIYU JIAOXUE YU YUNDONG XUNLIAN TANJIU

著　　者　介　博　夏钊伟　孙　哲

出 品 人　程佳月
责任编辑　陈　丽
封面设计　星辰创意
责任出版　欧晓春
出版发行　四川科学技术出版社
　　　　　成都市锦江区三色路 238 号　邮政编码 610023
　　　　　官方微博 http://weibo.com/sckjcbs
　　　　　官方微信公众号 sckjcbs
　　　　　传真 028-86361756
成品尺寸　170 mm × 240 mm
印　　张　7.5
字　　数　150 千
印　　刷　三河市嵩川印刷有限公司
版　　次　2023 年 7 月第 1 版
印　　次　2024 年 7 月第 2 次印刷
定　　价　56.00 元

ISBN 978-7-5727-1035-3

邮　　购：成都市锦江区三色路 238 号新华之星 A 座 25 层　邮政编码：610023
电　　话：028-86361770

前　　言

　　随着社会的发展，体育在社会中的地位变得越来越重要，人们对现代体育的发展给予了高度的重视，体育所具有的功能和作用也逐渐被大家所认可，在学校教育和社会生活中，体育的价值和地位也得到了进一步提升，体育运动已经成为增强人们体质与丰富人们文化生活的一种重要手段。体育运动源自人们的生产和生活实践，经过长期的演变与发展，体育运动的内涵不断丰富，逐渐衍生出众多的运动项目，而要想提高某个运动项目的技能水平，就必须坚持长期训练。体育运动训练就是一个促进身体素质发展、提高其技战术运用能力的过程。运动员在进行运动训练时，首先应掌握运动训练的基本理论。由于体育运动项目众多，不同的运动项目有不同的技战术特点，各运动项目的训练也各有特点。

　　本书从体育教学的基础理论出发，具体讲解了体育教学的目标及其所具有的功能；从多个方面对体育教学内容进行了系统分析；通过阐述不同的体育教学模式对体育教学进行更加深入的研究；同时从运动训练的理论出发，说明了运动训练的原则，进一步强调了运动训练过程监控和管理的重要性；结合实践讲解了部分运动项目的训练技巧与方法。本书理论与实践相结合，阐述了要想实现体育运动水平的持续提高，应注重各项目运动训练水平的提高及体育运动科学训练理论与方法的探索。

　　伴随体育教学发展的逐步深入，在学校体育教学工作中，既需要进行体育教学，又需要保证运动训练，体育教学偏向于反映群众体育的特点，运动训练偏向于反映竞技体育的特点。体育教学和运动训练虽然在性质、形式上存在相通之处，但是在教学目的、教学手段以及管理方面又完全不同。在体育教学工作中，将体育教学和运动训练有效结合，进行优势互补，有助于体育教学工作的高效进行。本书主要针对体育教学与运动训练展开研究，旨在为体育教学与运动训练的科学发展提供一定的理论参考。本书理论与实践结合，结构清晰，具有较强的实用性，可以作为体育教学等相关领域人员的参考书籍。

CONTENTS 目录

第一章　体育教学与运动训练理论

当今社会，研究体育教学具有重要的理论和现实意义，体育教学的科学化操作和实施是促进学生健康成长、提高国民身体素质的重要和有效途径。本章主要对体育教学的基本知识进行详细阐述和分析，包括体育教学的概念、特点、原则、功能与规律等，对体育运动训练的基础和原则进行了论述，旨在为全面认识体育教学、理解体育教学的重要性、切实推进体育教学的研究和科学化实施奠定基础。

第一节　体育教学概述

一、体育教学的概念

笔者把体育教学理解为：体育教学是在学校教育中，学生在教师有目的、有计划、有组织的指导下，积极主动地通过掌握体育课程内容来增进身心健康、提升体育文化素养、培养终身体育意识和能力的教育过程。

与其他形式的教学一样，体育教学同样需要系统的组织与管理，但是与其他学科教学不同的是，体育教学对教学环境的要求更高，所需器材和教学场地也更加严格。因此，体育教学并不是一种随心而行的教学活动，不能将其等同于一种课余的休闲娱乐活动，它需要很多要素的构成才可以正常、合理、科学地开展。

一般来讲，体育教学主要在学校中进行，主要参与者是体育教师和学生，具体的活动内容为：学生在教师的组织和指导下，对体育相关的基本知识、体育运动技能、体育运动素养进行了解、掌握和提高，教学的目的在于促进学生的身心健康发展，完善学生的个性心理特征，提高学生的社会适应能力，使其成为社会所需要的人才。

在体育教学过程中，体育教师应在充分认识和理解体育教学概念的基础上，将体育教学的概念与体育相关知识相结合，从而形成新的教学内容与教学方法。

二、体育教学的特点

体育教学是学生的认识活动，具有学生认识活动的一般特征，同时由于体育这门学科技术性强，体育教学又有它自身的特点。只有认识和掌握这些特点，才能遵循认识的一般规律和体育教学的特殊规律，严密组织教学，提高教学质量。体育教学具有以下特点。

（一）开放性

目前，我国各级学校的体育教学多以体育实践课为主，体育教师组织的大多数体育课主要在学校操场进行。与其他在封闭的教室、实验室等地方开展教学活动的学科不同，体育教学的教学空间富有变化，环境也更加开放。

体育教学环境的开放性，决定了体育教学具有不同于室内教学的特殊要求，因此开展教学活动应注意以下几点：①由于体育课多在操场进行，受到的外界干扰因素较多，如天气、地形、周边设施与噪声等，体育教学的组织管理工作更加复杂，因此需要精心设计与统筹安排体育教学的组织形式、教学步骤与方法；②室外的体育教学是动态的，学生的大部分教学时间都处在不断变化与形式多样的运动中，而且一般班级学生较多，教师可采取分组教学；③由于一些学校的体育基础设施条件较差，体育教师应重视学生的课堂安全。

（二）直观性

体育教学过程具有直观性特点。这种直观性主要体现在教学内容的讲解、体育动作技能的示范和对体育教学的组织与管理三个方面。

1. 教学内容的讲解

体育教学过程中，教师不仅在讲解要求上要与其他学科教师达到一致，还要语言生动且富有一定的肢体表现能力，给学生以形象、贴切、有趣的感觉。尤其是在某些有较难技术动作的体育运动教学中，教师不仅要对技术要点进行详细描述，还要用生动、形象的语言把复杂的技术动作进行简单化的讲解，做到深入浅出，便于学生理解。

2. 体育动作技能的示范

在体育教学过程中，每一项体育项目的教学都涉及技术动作或战术配合，为了加深学生的理解和认识，教师有必要进行动作示范和实践演示。教师在进行示范时，需要动作非常直观形象，其中包括正确动作的演示和错误动作的演示，这些演示都应该非常直观地展现在学生眼前，不能有任何的艺术化加工和变形，这样才会使学生从感官上直接感知动作的正确与错误，以便于他们建立正确的、清晰的运动表象。当学生建立正确的动作表象后，配合教师的讲解，将其与思维结合起来，可实现对体育知识、体育技术和体育技能的掌握，从而改善身体素质，提高运动水平。

3. 体育教师对体育教学的组织与管理

体育教学中，教师与学生接触越多，关系越融洽，对学生的组织与管理也越带有直观性，教师身体力行、言传身教对学生的身心也是一种无形的教育。对学生的组织与管理有助于教师对学生的观察与帮助，有助于把控教学过程，也能为学生创造轻松的教学环境，使学生在学习中表现出最为真实的一面，有利于体育教师获得有效的教学反馈，并及时修正不足之处。

（三）多边性

在体育教学中，人际交往占据重要位置，体育教学中的人际交往具有多边性的特征。现代体育教学的组织形式是要在单人、双人、小群体以及全班之间不断转换，要求学生在不同的时空中完成不同的身体运动，彼此之间建立多种不同的联系。因此，在体育教学中，师生之间、生生之间、小群体之间具有频繁且形式多样的人际交往关系。

针对体育教学过程中人际关系的多变性特点，体育教师可以运用多种方式与学生交流、沟通，并引导学生相互之间进行配合、鼓励与评判，使学生在体育课堂中初步体验社会交往的重要性，培养学生的合作意识，提高其人际交往能力。

（四）重复性

现代体育教学应促进学生参与运动，促进学生的身体健康、心理健康，并提高身心的适应能力。体育教学的最基本目的是使学生掌握运动技能，而要达到这一体育教学目的，就必须重复学习运动技能。

运动技能的形成具有阶段性和规律性，大致分为四个阶段：练习分解动作阶段、练习连贯动作阶段、独立完成连贯动作阶段和熟练完成连贯动作阶段。学生要想熟练掌握运动技能，需要经过长期的反复练习。无论是掌握篮球、足球、排球运动中的复杂技能，还是学习体操中的滚翻、田径中的跑等技能，都需要经历由不会到会、由简单初步学习到复杂深入学习、由不熟练到熟练的发展过程。在此过程中，体育教师要严格遵守循序渐进原则，逐步指导学生掌握各种运动技能，根据不同运动技能的特点，合理安排练习内容和时间，通过反复练习，使学生掌握、提高运动技能。

（五）常态性

在体育教学中，学生需要不断重复学习体育运动技能，这也决定了学生在体育教学活动中，要经常进行身体活动，即体育教学具有身体活动的常态性特点。体育课堂教学过程中，体育教师与学生的身体操练非常频繁，这种常态化的特点已成为体育教学非常显著的特点。

一般性学科（主要是指文化类学科）的教学多在教室（或实验室、多功能厅）进行，且要保持相对安静，这样才能激发学生的思维并产生良好的学习效果。而体育教学刚好与之相反，其教学的地点多为户外或专用运动场馆，较为宽阔，而且大多数的运动技术练习环节并不需要刻意保持安静，学生之间、学生与教师之间都可以随时进行相关的交流和沟通，有利于学生对运动技术的学习。

体育教学要求学生掌握基本的运动技能，教学过程中充满了对身体活动的要求，这是体育教学与其他学科教学的最大不同之处。因此，在体育教学中，几乎所有内容都涉及身体活动，或者是为即将到来的身体活动做准备的活动，这些都是对作为"身体知识"的体育教学的最好诠释。在体育教学过程中，不仅学生需要进行具有一定运动负荷的运动，教师在做示范、做指导和参与到组队教学赛的过程中也需要付出不少体力。可见，体育教学身体活动常态性的特点不仅针对学生，同时也包括教师。

第二节　体育教学的目标及功能

一、体育教学的目标

体育学科孕育于多种文化形态，从它的诞生之日起就不是一个目的和目标，而是一个多功能和多指向的教育，人本主义、奥林匹克主义等都与体育学科有过渊源，还有体质教育、终身教育、快乐教育等也都影响过体育。在这种历史演变下，体育学科的目标也在变化着。当然，教学的目标也就难以固定和明确，相比其他学科，体育课程的教学目标在内容和表述上都显得笼统和抽象。

（一）体育教学目标的概念

体育课程教学目标是体育教学活动预期达到的学习结果和标准，是体育课程教学指导思想的具体体现。"健康第一"的指导思想规定了体育课程的性质、目标、任务、内容及评价标准等，体育教学目标是依据教育部制定的学校体育教学目的而提出的，体育教学目标有不同的层次：在西方，一般将教学目标分为终极目标、行为目标和作业目标；而我国目前将教学目标分为课程教学目标、学段教学目标、单元教学目标和课时教学目标。教学目标是教师组织和进行教学的出发点和归宿，是评价体育课程教学质量的重要依据。

我国的体育教学目标分为阶段性体育教学目标和最终体育教学目标。阶段性体育教学目标是体育教学不同阶段的体育目标，阶段性体育教学目标的总和就是最终体育教学目标。体育教学的总目标是体育教学目的得以实现的标志。换句话说，体育教学的总目标，是体育教学的管理者与实施者对参与体育教学过程的学生的期望性标准。

（二）体育教学目标的特点

1. 预期性

教学活动开始之前，教育者就可以预见学习者将在哪些方面、什么情境下发生多大程度的变化。也就是说，在体育教学活动开始之前，体育教师就可以预见到体育教学活动能促使学生在掌握体育知识、技术、技能以及身心发展等方面发生哪些变化。预期要达到的目标是否科学、具体、明确，这直接影响到体育教学活动的成效。

2. 结构化

体育教学目标的呈现为纵横交错、互相衔接的有机整体。从横向看，对照不同的学习领域将有不同的教学目标，各目标互相独立又彼此呼应；从纵向看，体育教学目标又是由学段教学目标、学年教学目标、单元教学目标和课时教学目标构成的，各目标之间层级分明、连续递增。下位目标是上位目标的具体化，上位目标在下位目标达成的基础上才能最终实现。

3. 具体化

体育教学目标必须具体、可行，才具有应用价值。体育教学目标最终要落实到师生具体的教学活动中，因此，只有在目标中详细说明学生应该做什么，在什么条件下做，做到什么程度，才能为教学活动的具体操作提供导向，也才能为教学评价提供测量标准。

4. 灵活性

体育教学目标应根据确切的教学内容、具体的教学条件、学生的学习特点、课时分配等因素综合制定，这就要求教师必须因校、因课、因班制宜，依据教学实际编制课程，课堂内容和水平应有一定弹性，以便学生灵活掌握。灵活性的教学目标在适应学生的身心特点及通过教学目标的实现使学生获得相应的身心健康发展等方面具有不可忽视的重要意义。

体育教学目标是教与学双方合作实现的共同目标，对体育教师而言是教授目标，对学生来说是学习目标。但是，体育教学目标表现为由体育教师教学活动而引起的学生终极行为的变化，即着眼于教而落脚于学。

（三）体育教学目标的结构

体育教学目标是由多个层次的目标组成的，有教学总目标、课程目标、单元目标、课时目标。

1. 体育教学目标的结构层次

（1）教学总目标

此目标是教学活动中最根本的目标，是期望学生达到的最终结果，对各个层次的具体教学目标具有指导性意义。在我国，体育教学总目标一般由三部分组成：一是实质性目标，即使学生掌握一定的知识和技能；二是发展性目标，即使学生的体力得到发展；三是教育性目标，即培养学生正确的世界观，形成健康的个性品质。

（2）课程目标

体育课程目标是指课程计划中根据各门课程特点制定的目标，它是教学总目标在学校教学中的具体化。在小学直至大学的各个教育阶段，都开设有体育课，这就需要制定出分阶段的课程目标。这种分段目标具有两个主要特性：一是能体现各阶段之间的连续性，二是具有相对的独立性。

（3）单元目标

我国中小学的各科课程标准都是由一系列单元目标组成的，目标之间相互关联，单元目标是对该单元教学的具体要求，是各门课程中相对独立、相对完整的组成部分。体育课程中的单元通常是围绕一个技术或技术组合所展开的一组教学内容，一般按内容的难易程度、操作程序的先后顺序或内容的不同方面分为若干节课。应当指出，体育单元目标是教学设计的主要依据，对教师的教学活动具有直接的指导意义，在制定时一般由教师参照课程标准和教学参考用书，结合学生的实际来制定，同时还要兼顾到个别学生的个性和特点。

（4）课时目标

课时作为教学活动的基本单位，其目标是单元目标的进一步具体化，它与每节课的教学活动相联系。课时目标应当是具体、明确而富有成效的，究其原因，在于课时目标关系到每一次具体的教学活动，课时目标只有符合要求，才会在一堂课中得到落实。

各个层次的体育教学目标都具有独特的"个性"和"作用"，这就要求各层目标的功能与特性明确，否则这层目标就会与其他层次的目标相混淆。因此，在制定各层次的体育教学目标时，都要有各自的重点工作，即制定本层目标应该看哪些事和做哪些事。

2.体育教学目标的领域结构

从领域方面来看，体育教学目标涉及两大方面：动作技能领域和情感领域，体育教学目标的两大领域产生不同性质的教育教学活动，反映了体育教学对学生两个发展方向的不同影响。

（1）动作技能领域目标

这一目标以发展学生的肌肉力量和协调性为基本目标，分为六级：反射运动、基础生理活动、感知能力、身体运动能力、运动技能、综合运动能力。

在学校教育活动中，动作技能领域的目标易受到忽视。但在教育实践中，教师应认识到，对动作技能领域的重视程度与教育的阶段和学校的培养目标有关。例如，小学阶段更加重视动作技能领域目标的培养，相对中学、大学阶段，动作技能领域的培养就相对较弱。另外一些培养特殊人才的学校（如体育学校），比普通的中小学校更重视动作技能领域的培养。

（2）情感领域目标

这一领域的目标主要是发展学生的态度和价值观，可分为以下五个类别。

一是接受。这一水平的目标特征是，学生对一种观点或事物表现出宽容的态度，不拒绝"接受"有关信息，了解教师介绍的材料的意义，但并不因此而使自己的行为发生改变。

二是反应。这一目标主要是指学生越来越表现出一种积极的态度，不仅接受了有关的信息，并表示愿意采取相应的行为，但实际上这种行为并没有出现。

三是价值评价。这一水平的目标意味着学生理解一种态度或价值观念，并认为是有意义的，同时已将这种观念内化为自己的行为准则。在这一水平上，学生会主动表明对问题的态度或观点，公平讨论并支持某种态度。

四是组织。这一水平的目标表明，学生在一些方面已形成了抽象概念，形成了一定的价值观念体系。

五是性格化。性格化意味着个体的各种价值观已被组合成内部一致的体系，个体的行为受内部价值体系的控制。

需要注意的是，情感领域发展中的态度是指个体对人、事和周围世界所持有的一种持久性与一致性的倾向，它的形成与文化传统、家庭环境和学校教育等因素有关。价值观综合性很强，它不是针对特定的事物和现象，而是涉及人的生活方式和生存目的，它的形成与态度的形成不同。具体来说，价值观的形成是一个长期的过程，受到社会、家庭的影响，但与态度相比，其更加难以测量。

3. 体育教学目标的结构要素

关于体育教学目标的结构要素，美国著名体育教学论专家西登托普认为，具有指导性的体育教学目标应该包括"达成什么样的课题""在什么条件下达成课题""用什么标准来评价"三个内容。也就是说，课题、条件与标准是构成体育教学目标的要素。

课题通常包含学生要学习的动作及运动的技术等内容。条件决定了目标实现的难度，我们在考虑运动技术的目标难度时，可以利用目标中的条件因素来调整。标准是改变目标难度的一个因素。体育教学目标可以通过"课题""条件"和"评价标准"的内容变换来调整其难度。

4. 体育教学目标的确立

（1）确立体育教学目标需遵循的原则

一是整体性原则。任何一种特定的教学目标都不是孤立的，它是一系列教学目标体系中的一个有机组成部分，和其他教学目标之间具有一定的关联性。从纵向看，它要体现不同学段、不同学年、不同单元以及不同课时之间的贯穿性和衔接性；从横向看，不同学习领域的目标之间应相互配合、彼此补充。这样纵横连贯地设计教学目标，才能保证体育教学的终极目标及教学目的的实现，达到学校体育目标的要求。

二是科学性原则。体育教学目标的科学性体现在五个方面：① 要体现体育学科的特点；② 要全面，即包括认知、情感、动作技能、身体素质和健康素质等诸多领域的目标；③ 要根据教材的特点，突出重点和难点；④ 要具体、明确、可操作；⑤ 难度要适中，所设计的教学目标应该是大多数学生经过一定的努力能够达到的。

三是灵活性原则。所谓灵活性原则，其含义可以从两方面理解：① 教学目标要关注学生的个体差异。体育教学目标的设立尽管是面向全体学生的，但由于不同学生在体育基础和能力等方面存在一定的差异，所以目标应具有一定的灵活性，这在课时目标中的体现尤为明显。这就要求教师要尽可能地将教材按照难易程度设立不同等级，并根据每个学生的实际水平确定其应该达到的相应等级。② 教学目标不是一成不变的。因教学活动受多种可变因素的制约，如事先需测定主要体现教育者意志的教学目标是否适合，再通过教学实践评价加以判断。教师可根据这一反馈信息对原定目标或下一阶段目标进行调整。

四是可测性原则。测定教学目标若仅是教师的假设和期望，不能确切表达学生应有的学习结果，如只是使用"了解""掌握""熟练掌握"等词，缺乏质和量的具体规定性，这样的目标可测性、可比性都较差，很难准确测量和评价最终的教学效果，也难以指导教师正确选择教学方法，妥善组织教学过程。因此，一个具有明确要求的体育教学目标一般应具备以下两方面要求：① 能表明教师可观察到的学生学习的结果；② 能表明学生行为结果的衡量条件与标准。

五是发展性原则。体育教学的效果最终要落实并体现到学生的身上。由于教学效果固有的滞后性和迟效性，其结果将在几年、几十年后显现出来，所以确切地说，教学效果最终是要落实到学生的未来发展上的。因此，体育教学目标的制定，既要着眼于学生现有的发展水平和学习需要，又要放眼未来，使学生升入下一阶段或将来走向社会后，能全面健康地成长成才，能为获得健康、完满的生活而努力，且有意识并有能力从事"终身体育"。

（2）体育教学目标的表述

一个规范、明确的教学目标表述应包含四个要素：行为主体、行为动词、行为情景或条件、表现程度。

一是行为主体。行为主体指的是学习者，体育教学目标所预期和描述的是学生的行为，而不是体育教师的行为。因此，规范的教学目标开头应是"学生……"。事实上，在表述教学目标时行为主体一般省略不写，但目标表述的方式仍应较明显地体现出学生是行为完成的主体，如（学生）能连续蛙泳 50 米或正确做完一套 8 节的健美操。若写成"教会学生……"或"培养学生……"，则容易变为教师的行为。

二是行为动词。行为动词用以描述学生所形成的可观察、可测量的具体行为，可分为模糊的与明确的动词。模糊的动词有知道、了解、喜欢、相信等；明确的动词有陈述、选出、比较、模仿、示范、改编、接受、服从、拒绝等。在表述教学目标时，应尽可能选用那些意义明确、易于观察的行为动词。

三是行为情景或条件。这是指影响学生产生学习结果的特定的限制或范围，主要说明学生在何种情景或条件下完成指定的操作。对行为条件的表述，体育教学中常用的有：环境因素，包括对学习空间、学习地点的限制，如"在沙坑里完成纵跳"；作业条件因素，包括对器材的高度和重量的规定，以及允许或不允许使用器材与辅助手段等，如"用4千克的实心球向前、后抛"或"在同学的保护帮助下跳过山羊"；提供信息或提示，如"借助人体解剖图，说出……"；完成行为的情景，如"在课堂讨论时，叙述出……"。

四是表现程度。表现程度是指学生对目标所达到的最低表现水准，用以评价学习表现或学习结果所达到的程度。表现程度一般采用定量的指标或标准，一般包括：完成行为的时间限制，如"5分钟内，跑完……米"；准确性，如篮球投球"90%投中"；成功的特征，如引体向上一组"至少完成5次……"。

（3）体育教学目标的确立

体育教学目标的确立在宏观上是教师对教育理论中不同观点的选择过程。一般情况下，体育教师在制定学年教学目标、学期教学目标、单元教学目标时，都会根据教育教学观念进行不同的取舍。例如，在教学中，教师可以为全体学生确定相同的教学目标，也可以依据学生的不同情况确定多层次的教学目标。二者所体现的价值观不同。前者反映出教师对教学的社会价值的重视，后者体现教师对个体发展需要的尊重。但在实际教学实践中，一些体育教师在确立目标时常遇到困难，为了解决困难，体育教师会采取应对策略，如照抄有关课程文件的目标，或照抄各种"教案集"中的教学目标案例，还有的教师凭着自己的理解去仿写教学目标等。

实际上，教学目标的决策过程是对两个问题的回答过程，即"学校教育为什么而存在？自己的教学活动如何与教学目标保持一致？"其中，"学校教育为什么而存在"是教育理论中一个最普通也是最基本的问题，对这一问题一般有两种不同的回答：一是"社会本位"论，二是"个人本位"论。"社会本位"论认为，教育活动的目的产生于对社会需求的选择，归根到底受社会需求及社会条件的制约。可见，这一理论认为教育应为促进社会发展服务，满足社会发展的需要。而"个人本位"论认为，教育的对象是人，教育的价值在于促进个体的发展，满足个体发展的需要。二者从属于不同的教育价值观，在这一问题上存在分歧。

体育教学目标应反映体育教学的发展趋势，确立体育教学目标时，要有长远的观点，反映体育教学的发展趋势，从实际出发，全面准确掌握学校体育教学内部与外部条件及环境，将需要与可能结合起来，保证体育教学目标的科学性。

二、体育教学的原则

（一）体育教学原则的类型

在教学活动过程中，人们制定的教学原则，都是在充分研究和揭示教学规律的基础上，对教学实施提出的基本要求和指导原理。教师运用教学规律，是通过执行教学原则来体现的。恩格斯指出，原则不是研究的出发点，而是它的最终结果。因此，在教学实践中，只有在充分研究现代体育教学规律的基础上，结合其他有关学科揭示出来的有关体育教学的科研成果，冲破一些传统观念的束缚，才能引申出一套完整的指导体育教学的原则体系。由于体育教学的规律性未能得到深入的研究，体育教学原则主要是根据实践经验提出来的，出现了体育教学原则与体育教学规律脱节的现象，原则之间缺乏必然的逻辑联系。例如，自觉积极性原则强调了学生的主体作用，但体现不出教师的主导作用，以及教与学之间相互依从的辩证关系；直观性原则虽然强调了感性认识在体育教学中的重要作用，但随着人类对体育教学的不断认识，传统的教授体育技能的方式无法适应现代迅速发展的体育教学的形势。因此，为了克服以往的不足，我们对传统的体育教学原则进行了改革和完善，拟订了新的体育教学原则。

1.准备性原则

教学效果的好坏与教师和学生对教学的准备状态及客观提供的条件有关。美国教育心理学家桑代克对此曾做了专门的研究，提出了著名的学习"准备律"或"为教学创造必要的条件的原则"。体育教学一般是在体育场馆中进行的，比其他教学的准备要求更高、更严密，教师对学生的了解，对教学大纲、教材、教法的准备，对场地、器材、教具的准备，对卫生条件的准备，以及学生上体育课的心理准备和物质准备等，都是体育教学前必须准备好的。它为教学创造了条件，反映了体育教学过程对教学准备和进行教学条件的依从性规律的要求。体育教学的准备应包括课前的准备与课时的准备两部分。

课前的准备是指教师的准备，包括：教师心理、生理素质的准备，业务素质的准备和着装的准备；教案的准备，如根据学生的情况（素质、体育基础、性别、体能）、场地设备、器材等情况来选择教材，钻研教材，设计最佳教学方案；教学条件的准备，如检查教学场地、器材、环境等。

课时的准备是指教师对课时任务和内容教材的宣布，动员完成任务的要求，调节适度的兴趣性，使学生做好学习的心理准备，以及课时所学内容和身体练习前必要的各种身体机能的活动性准备。

2. 目的性原则

目的性原则是体育教学以当时的社会制约性、学生身心发展的规律，以及教学的培养、发展和教育统一的规律为依据提出的。其作用在于指导教师全面、正确地规划体育教学发展和教育的任务，并使之具体化，确定体育教学的目的、任务、内容等。我国体育教学是配合其他自然科学和社会科学对学生进行有目的、有计划的教学过程。在这一过程中，必须按照党的教育方针，培养具有共产主义思想品德、掌握科学知识，且体魄健壮的全面发展的社会主义建设人才，这就客观地决定了体育教学必须贯彻执行发展身体、增强体质、掌握与提高体育的基本知识、培养学生科学锻炼身体的能力和养成自觉锻炼的习惯，并根据体育教学的目的、任务，结合各校的特点与差异，修订教学大纲，编写教学计划，选择适合本校学生实际情况的教材内容，设计教学方案，并在实施教学方案的过程中不断加以检正、修改、补充、完善的原则。这一原则既可指导教学方案的设计和教学方案的实施，又可成为检查和评价教学效果的主要标准。它是教学过程的主要调节器，这与原来只提身体全面发展的原则相比，显然具有较高的概括性和科学性。

3. 适量和循序渐进性原则

适量和循序渐进性原则是以教学的社会制约性、学生身心发展的规律为主要依据，主要指导选择和安排体育教学内容和教材的质量、分量、难度和运动负荷的大小。从体育教学内容和教材的整体上来看，它必须反映当代体育科学技术和有关的科学发展水平，要随着相应的科学发展而不断更新，增强其科学性。教材内容的安排选择要全面多样，选定必须通过科学研究证实的无可争议的教材，组织教法的运动必须具有适量性，必须适合学生的年龄特征和实际发展水平及接受能力，包括心理负荷和生理负荷。现代科学证明，人体是在大脑统一调节下的有机整体，人体的各个部位、各个器官系统的机能之间，各种身体素质和基本活动能力之间，都是互相联系、互相制约的。某一方面的发展，会影响其他方面的发展，如果处理调节得当，就能相互促进、共同提高，使学生的身体得到均衡的发展，体态匀称优美，各器官系统机能活动协调；如果处理调节不当，则会造成学生畸形发展，影响学生的健康成长。因此在选编体育教材和设计教学方案时，要按照不同年龄、不同年级学生的生理、心理特点，循序渐进地科学安排体育教材的深度和广度让学生由浅入深地去掌握有关的知识、技能，并有针对性地锻炼身体，磨炼意志，发展能力，促进身心健康。

4. 直观性、启发性和活动性原则

直观性、启发性和活动性原则是以学生身心发展的制约性、教学认识规律的制约性和动作技能形成规律的制约性，以及教学任务、内容、方法的相互依从性等教学规律为依据的，它是对教学方法的基本要求。在选择和运用教学方法时，不仅应当考虑各校的性质、特点、教学任务及教学内容的不同，而且应考虑学生掌握知识、技能的有效性和个体差异性以及时间和客观条件的可能性，要把实践证明了行之有效的各种教学方法和手段配合起来使用。

直观的方法和手段在体育教学中具有特别重要的意义，这是根据学生对事物的认识规律提出来的，要使学生掌握体育知识、技术和技能，需从建立感性认识开始，也就是"从生动的直观到抽象的思维"。体育教学主要是通过教师指导，学生自觉积极地从事各种身体练习来完成一定的教学任务的。学生在身体练习过程中，首先必须综合地运用各种与之相关的感觉器官来感知动作的外部形象以及与时空的关系。教师利用动作示范、教具模型、电影、电视、录像等手段，给学生一个鲜明、准确的动作形象和模型，结合教师对所学知识要领的讲解以及完成课时任务的提示与要求，学生的思维活动被启发，对所学的对象进行对照、比较、分析、综合、抽象、概括，掌握技术动作的规律性，进而结合身体活动练习，通过触觉、肌肉的本体感知动作的要领、肌肉用力程度和方法，验证和体会动作要领的准确性，逐步深入了解动作中各技术环节的内在联系，从而建立完整和正确的动作形象和概念，进而经过反复练习形成动作技能，培养锻炼的能力。学生在模仿时，若能一边模仿，一边自我说明其动作或技能，则学习能获益更大。因此在运用教学方法时应当把直观法与语言法、兴趣启发教学法有机地结合起来。

教学启发性是衡量教学方法价值的一条重要的标准和重要的指导思想。各种具体教学方法的指导思想不同，采用的手段也各异。但在体育教学实践中，如果教师能够做出精练、准确、生动的讲解与优美的示范，并在学生模仿练习中适度地启发学生思维，获得的教学效果要比机械模仿练习、完全注入式的教法好得多，这在大学生的体育教学中尤为突出。

在体育教学过程中，最重要的是要注重教学的活动性。所谓教学的活动性是指教和学都处于积极的活动状态。现代教学论把活动看作是发展学生身心健康的重要因素。学生个性的发展与他们本身运用这一切活动（感知、实践操作、表达、思维）有关，这对体育教学来说尤其重要。

根据上述教学的直观性、启发性和活动性原则，在体育教学中，教师应当把历史上形成的语言法、直观法、练习法、游戏法、比赛法、预防法和纠正错误法、兴趣教学法、发现教学法、自主教学法中有益的部分与身体锻炼有机地结合起来运用。

5. 提高运动认知和传承运动文化原则

运动认知是通过各种运动体验形成的一种特殊的认知方式，擅长运动的人在身体反应、神经传递等方面有突出的能力，如反应快速、动作敏捷。运动认知的获得与提高不仅与人的学习、工作、生活密切相关，而且也与人的健康和幸福有密切关系。在学校教育中，不同的学科担负着不同认知能力的培养任务，体育学科的任务就是培养和提高学生的运动认知能力，促进学生认知能力的全面发展。运动文化是人类灿烂文化的重要组成部分。对于这一前人创造的优秀文化，后人必须将其世代相传下去。因此，传承运动文化是体育学科的重要任务之一。

（二）体育教学原则的作用

1. 更加明确的教学要求

体育教学原则作为体育教学工作的基本要求和体育教学规律的具体体现，是对体育教学工作的最核心的要求，因为以体育教学原则来体现的教学要求有很强的概括性、集约性，也更加生动和准确，所以体育教学原则也是更加明确的教学要求，各级教学指导单位可以依据体育教学原则向教学的实施者提出明确的要求。也可以说，体育教学原则是对体育教学工作的最基本要求，是教师进行体育教学所不能突破的底线要求。

2. 成为教学的工作思路

体育教学过程中，教师涉及的教学工作很多，有对体育教学内容的选择与安排，有对学生的调动与管理，有对教学条件的准备与优化，有对教学情景的组织与设计等。但只要教师把体育教学原则铭记在心，就会有明确的工作准则和思路，教师只要遵循了体育教学原则，其教学工作就是正确的，就能提高体育教学质量；反之，如果其工作违背了体育教学原则就会弱化体育教学效果，劳而无功。

3. 观察体育教学的视角

由于体育教学原则是对体育教学工作的基本要求，一般来说遵循体育教学原则的教学是满足教学要求的状态，会呈现合理的外部特征，而不遵循体育教学原则的教学是不满足教学要求的状态，会呈现不合理的外部特征。因此，我们用各个体育教学原则作为"视角"和"焦点"，可以观察该教学的外部特征，从而评价体育教学的合理性。换句话说，体育教学原则的贯彻与否是可以从外观上进行观察的，可以进行观察和评价的教学要求才能作为体育教学原则，否则就不适合作为体育教学原则。

4. 作为体育教学的评价标准

体育教学牵涉的内容太广，在实践中经常出现"公说公有理、婆说婆有理"的现象。但只要我们用公认的体育教学原则来评价体育教学，就会有清晰和简明的标准。

三、体育教学的功能

功能是指事物或方法所发挥的有利的作用、效能。功能也是某一事物在环境中所能发挥的作用与能力，是事物的客观属性，是不以人的意志为转移的。某一事物的功能是由这一事物的结构所决定的，是其他事物所不能取代的。教育的目的是把受教育者培养成为社会需要的人，即教育想要达到的结果。它与功能不同，功能是某一事物在环境中所能发挥的作用与能力，而不是一个结果。

从系统论角度出发，体育教学的功能应与体育教学的内部结构存在着逻辑关系。依此理解，要了解体育教学的功能，就需要认识体育教学的内部结构。体育教学的内部结构包括学段、学年、学期、单元、课时教学，是一个比较完整的体系。由于体育教学的结构是中性的，因而体育教学的功能也是中性的，没有褒贬之义。结构决定功能是分析体育教学功能的一个视角，功能中性论是体育教学功能的基本性质。

（一）传播体育知识

体育教师承担着传播体育知识的重要责任，因此体育教学具有传播体育知识的重要功能。体育教学主要是以提高学生身体素质为目的来实施教学的，从教与学的角度来说，可以将体育知识形容成一种"身体的知识"。这种知识最初是伴随着人类的发展而发展的，每个人类社会时期都有相应的"身体的知识"的传承。在原始社会，身体的知识就是人类通过走、跑、跳、投、打等动作捕获猎物或逃避猛兽的追捕等行为；而在现代社会，体育知识的传承内容变成了某项体育运动（如篮球、体操）的基本知识或某些体育技能。

现代教育强调以人为本，人们对以人为本的教育教学理念的追求不仅赋予了体育教学的特殊性，还给予了体育教学知识传承的特殊意义。具体到体育教学中，就是要求教师在体育教学的开展和实施过程中重视学生的主体性作用，因为学生才是体育文化的继承者和传承人，体育教学就是要发挥体育文化的传承功能，使体育文化能通过体育教学获得长久的传承。

同时我们应该认识到，体育教学中对体育知识的传承不是简单的"身体的知识"的模仿，更多是通过体育教学来向教学对象（学生）传承体育文化，即体育教师通过体育教学内容向学生展示、传授与体育教学内容相关的文化。

（二）传授运动技术

从体育教学的微观结构分析，体育教学的最小单位是体育课，而体育课的主要性质是以体育课程内容为介质的教师与学生的双边活动，因此，体育教学主要实现运动技术（运动操作性知识）的传习，即体育教师把前人总结的各种运动技术传授给学生。与其他学科所不同的是，在传授运动技术的过程中，学生必须经过身体的操作与体验才能习得与掌握各种运动技能。没有这个实践环节，仅有理论知识的传习是不够的。

在体育课中，教师传习的是各项具体运动技术，可以小至一个运动项目的一个单元，也可以小至一个单元教学中的某一动作环节；如可以是球类项目中的篮球，也可以是篮球中的急行上篮；还可以是原地单手肩上投篮等，其他运动项目同理。也就是说，只有从小的运动技术学起，才能积少成多，最终掌握整个运动项目。

（三）传承体育文化

从体育教学的系统结构视角出发，把体育课累加起来，就构成单元教学；把各个项目的单元教学累加起来就构成学期教学；而两个学期教学的累加就构成学年教学；以此类推就构成了小学、初中、高中等学段教学。从体育教学微观内容分析，把体育课中传习的各种小的运动技术累加起来，学生学到的是某个运动项目的完整技术，继续累加，就学到了各种运动技能。结合以上两个视角，通过小学、初中和高中阶段的体育教学，学生可以学习到较为完整的运动知识与运动文化、掌握各种运动技能，从而实现体育教学传承体育文化的目的。

体育知识、运动技能的传授都是为体育文化的传承而服务的，从某种意义上讲，体育教学真正的目的不仅在于教会学生正确的体育运动方法，在未来的生活中对其身心产生持续良好的影响，更在于体育文化的传承。

传承体育文化是一个长期的、系统的过程，要想真正实现体育教学传承体育文化的功能，就必须使得学生通过不同阶段的体育教学，学习到较为完整的运动知识、运动文化。具体应从以下两个方面着手。

一方面，保证单次体育课之间教学内容的连贯。可以把体育课中传习的各种小的运动技术累加起来，学生学到的就是某个运动项目的完整技术，继续累加，就学到了各种运动技能。

另一方面，保证不同阶段体育教学的可持续发展。体育教学是由每周两至三次的体育课组合而成的一种贯穿全年的教学计划。其中根据不同的教学周期可以分为课程教学、周教学、学期教学以及学年教学，比学年教学周期更长的就是小学体育教学、初中体育教学、高中体育教学和高校体育教学等多年教学。因此，应将这几个不同阶段的体育教学有机统一起来，以促进学生对体育文化系统全面的掌握和传承。

（四）健身功能

增强人民体质是发展体育运动的本质属性。经过长期的改革与实践，现代高校体育课程在规划设计教学大纲、选择教材内容、安排课时、实施教学组织等方面已逐渐合理化与科学化。

促进学生身体的发展，实现体育教学的健身功能是体育教学的本质意义，这就要求体育教师应做到以下两点。

一是始终将健康教育放在重要位置，根据体育教学的规律特点，将各种行之有效的健身内容、方法与手段应用到体育教学中，有机协调并统一体育教学的教育性、健身性、竞技性和娱乐性等特征，从而提高体育教学质量，促进学生积极参与体育运动，科学地进行体育锻炼，进而实现强身健体的效果。

二是为保证学生的身体健康，体育教师应酌情掌控运动负荷强度。学生亲身参与体育运动实践在体育教学活动中是必不可少的，而既然参与运动实践，就必然会使身体承受一定量的运动负荷。合理的运动负荷对发展学生身体素质有极大的帮助，它对学生的机体或多或少会产生一定的刺激与影响，其影响的程度与运动项目的内容、学生的身体素质、持续运动的时间、运动间隙的营养补充等方面相关。而不同运动项目对身体的训练重点也有差别，如足球运动对人体的耐力、爆发力、速度和灵敏度有着较高要求，游泳对人体心肺功能和协调能力有较高要求等。但如果运动负荷过大，体育运动对学生的健康反而无益，会对学生的健康造成损害。因此，体育教师在制订教学计划前要对学生的普遍体质与运动基础有一个清晰、全面的认识，只有遵循体育教学的规律，运用科学的教法合理组织体育教学，才能有效发挥体育教学的健身功能。

（五）健心功能

心理健康也是评定人体健康的指标之一，体育教学不仅有利于学生的身体发展，还对促进学生心理健康的发展具有重要的作用。

和体育教学的健身功能一样，体育教学促进心理健康的功能主要是通过教师传授来实现的，教师的一言一行无时无刻不在潜移默化中影响着学生的思想。因此，教师必须身体力行、为人师表，为学生作出表率与榜样。体育教学的健心功能主要表现在以下几个方面。

1. 缓解压力

体育活动可以使学生得到身体和心理上的放松，缓解学生的学习压力。

2. 平和心态

在参与体育运动的过程中，学生要频繁地面对成功与失败，其中失败和挫折的次数要远远多于成功，由此可以培养学生在逆境中正确调整心态的能力。而作为胜利者也要做到戒骄戒躁，只有具备这样的素质，才能再接再厉，取得成功。教学更为重要的作用是传授各种人类社会的道德、规范与理念，这是学生走向社会之前的必学内容。

3. 修养品德

体育教学具有帮助学生形成良好思想品德的功能。学生在体育教学与比赛中，可以培养学生的规则意识。根据体育运动或游戏的规则，运动竞赛或游戏要想顺利进行，必须依靠参与者自觉遵守既定规则。在体育练习或比赛（游戏）中，学生还要懂得关心同学，尊重对手，尊重裁判，自觉遵守体育运动秩序。

4. 完善人格

系统的体育教学对陶冶学生情操、塑造学生健全人格具有重要作用。体育教学中，大多数体育运动或体育游戏都需要集体参与方能完成。体育运动取胜的关键是集体的团结配合。因此，学生想要取胜，必须认识到团结互助、协调合作、发挥集体力量的重要性。学生作为体育运动团队中的一员，需要处理好个人利益与集体利益的关系，应抱有克服一己私欲、顾全大局的思维行事。

（六）美育功能

体育中蕴含着丰富的美，"健、力、美"同时蕴含于体育运动中，静态的人体造型和动态的运动节律都具有美的特质，都表现出人们对美的向往。体育运动不仅在运动过程中突出了"美"的要素，而且在运动结果上也有淋漓尽致的体现。

体育教学的美育功能具体表现在以下几个方面：在体育教学中，通过组织和引导学生积极参与体育活动实践，经过科学的体育锻炼可以帮助学生获得完美的身体体态；在体育教学活动中组织体育竞赛，学生通过激烈与公平的比赛而取得的成绩，可以使学生获得成就感；体育教学可以提高学生的审美意识与审美能力，通过系统的体育教学，可以帮助学生建立正确的人体及运动的审美标准，使学生获得积极、健康的审美情感，进而提高学生的美学素养。

四、体育教学的规律

体育教学过程是一个运动、变化和发展的过程，体育教学各要素之间有本质和必然的联系。这不但是客观存在的，而且具有一定的规律性。认识和遵循这些规律，根据规律去确定教学原则、教学方法、组织形式和教学手段，是实现教学目标、提高教学质量的基本保证。体育教学过程的基本规律可分为一般教学规律和特殊教学规律两类。

（一）体育教学的一般教学规律

1. 社会制约性规律

体育教学是一种培养人的社会活动，它要受一定的社会物质、文化条件，特别是一定的社会教育目标及其内容的制约。在不同的社会制度、不同的国情条件下，体育教学目标和内容不尽相同。我国的体育教学是学校教育的组成部分，并和其他学科教学一道成为实现学校教育目标的基本途径与重要手段。同时，体育教学必须与社会发展的条件和需要相适应，并随着社会发展和需要的变化而变化。

2. 认识规律

教学过程以辩证唯物主义的认识论作为基础。人们认识任何事物，首先是从对事物存在现象的感性知觉开始的。人靠着感觉器官，建立了与外部世界环境的联系，然后通过抽象思维，从感性认识提高到理性认识，找出事物的本质，揭示事物发展的规律，最后形成科学的概念，并通过实践去验证这些概念。

教学过程是学生的一种特殊认识过程。学生在学习和掌握体育知识技术与战术的过程中，必须遵循认识活动的规律。在体育教学过程中，教师要引导学生将感知、思维和实践几个环节紧密结合起来，缺一不可。感知是认识事物的开始，是形成表象的基础；思维是形成理性认识、掌握动作的关键；实践是巩固和运用知识、改进提高运动技术、发展身体、增强体质、促进健康、培养良好思想品德的途径。

3. 学生身心发展的规律

教学的对象是学生，学生的身心发展具有一定的规律性。在教学过程中，制定教学目标、安排教学内容、采用相应的教学组织形式和教学方法与措施等，都必须从不同年龄、不同性别的学生的身心发展特点出发，符合他们身心发展的实际，因材施教，才能获得理想的教学效果。

4. 教与学辩证统一的规律

教学过程是教与学的矛盾运动过程。为实现教学目标，必须正确认识和处理教与学的关系，既要充分发挥教师的主导作用，又要十分重视调动学生学习的积极主动性。

教学过程的实质，是教师采取有效措施，引导学生学习，由不知到知之，由知之到用之的转化过程。在这一过程中，教师起着主导的作用。但是，教师的主导作用只是教与学关系的一个方面，学生是学习的主体，只有教师的主导作用，而没有学生学习的积极性、主动性相配合，教师的主导作用也不能发挥出来。教师是否发挥了主导作用，其程度如何，主要看学生的学习积极性和主动性能否被调动起来，只有教师的努力与学生的努力积极地配合，协调一致，才能取得好的教学效果。

5. 体育知识学习和运动认知的规律

在体育教学中，学生学习的重要内容之一是体育运动文化和关于身体锻炼的知识，在体育教学中所培养的运动认知是其他学科不能替代的，体育学科有其独特的运动认知体系。因此，在体育教学中也要重视对体育知识和运动认知规律的学习。

体育学科特有的运动认知体系是不断提高人体对物体，对自我的速度和对时间、空间、距离、重量、力量、方位平衡高度等因素予以识别和控制的能力，是一种"身体—动觉智力"。所谓身体—动觉智力主要是指运用四肢和躯干的能力，表现为个体能否较好地控制自己的身体并使之对事件做出恰当的身体反应，以及是否善于利用肢体语言表达自己的情感和思想。身体—动觉智力有三个核心要素，其一是有效地控制身体运动的能力，其二是熟练地操纵物体的能力，其三是体脑协调一致的能力，身体—动觉智力在多元智力中占有非常重要的地位。

用多元智能理论来解读体育教学，我们就可以在体育教学中帮助学生较好地控制身体运动、熟练地操作物体（器械、器材），培养学生的空间感知能力和对方向的判别能力，培养学生对器械的速度、重量、方向等的感知能力，从而不断地提高学生的运动认知能力。

体育教学中的运动认知过程：广泛进行感性认知形成感性基础的阶段；进行理性的概括形成理性认知的阶段；将理性的认知演绎到各种运动情景的应用阶段。

6. 体育学习集体形成与变化的规律

体育学习集体形成与变化规律主要是指在体育教学过程中，学生主要是在集体合作、配合和相互帮助中学习的。体育项目和活动大多数都是以集体形式呈现，体现了体育的特性和目标指向。因此，体育教学中要注重和突出学生体育学习的集体性规律。

体育学习集体形成与变化的规律要求教师在体育教学设计中要选择体育集体性项目作为教学内容；要采用分组的小群体教学组织形式；要研究集体性学习的评价方法。只有遵循这个规律，才能更好地把集体教育和思想道德教育融入体育教学的过程中，体现体育学科特有的集体特性和集体教育价值。

体育教学中的集体教育过程：组成集体，形成集体因素的阶段；集体巩固，在集体中接受教育的阶段；集体成熟，自觉采取集体行为的阶段；集体分解，形成新学习集体的阶段。

（二）体育教学的特殊教学规律

1. 动作技能形成的规律

体育教学要让学生学会和掌握一定的运动技能，而运动技能的形成要经历一个由不会到会、由不熟练到熟练、由不巩固到巩固的发展过程。动作技能的形成通常分为三个阶段，即粗略掌握动作阶段、改进与提高动作阶段和动作的巩固与运用自如阶段。

第一阶段，粗略掌握动作阶段。这是在教某一个新动作的开始阶段。这一阶段的特点是大脑皮质兴奋与抑制扩散，处于泛化阶段，条件反射联系不稳定，内抑制不够，表现为做动作很吃力，紧张，不协调，缺乏控制力，并伴随着一些多余动作和牵强的动作。这一阶段教学的主要任务是使学生建立动作的正确表象和概念，防止和排除不必要的多余动作和错误动作，使学生在反复练习过程中粗略地掌握动作。在这一阶段，应注意动作的主要环节的教学，不必过多地强调动作细节和规格要求。

第二阶段，改进与提高动作阶段。这一阶段的特点是大脑皮质兴奋与抑制过程处于分化阶段，兴奋相对集中，内抑制逐步发展巩固，并初步建立起动力定型，能比较精确地分析与完成动作。在练习过程中，大部分错误动作得到纠正，能比较顺利和连贯地完成完整的动作，但技术不熟练，遇到新的刺激时，可能会出现多余和错误的动作。因此，这一阶段教学的主要任务是在粗略掌握动作的基础上，进一步消除牵强、夸张和错误的动作，加深理解动作各部分之间的内在联系，进而掌握动作的细节，建立动作的动力定型，提高动作的协调性与节奏性，发展学生的体力，使学生能够轻快、协调、正确地完成动作。根据这一阶段的特点，在学生反复练习的过程中，教师应引导、启发学生的思维，采用比较、分析等方法，使学生了解动作之间的内在联系，在保证动作质量的前提下，加大运动负荷，以改进和提高动作的质量。

第三阶段，动作的巩固与运用自如阶段。这一阶段的特点是大脑皮质兴奋高度集中，内抑制相当牢固，形成牢固的动力定型。表现为能够很准确、熟练、省力、轻快地完成动作，并能够灵活自如地运用，达到自动化的程度。当然，随着动作的不断重复和动作细节的不断改进，动作的准确、熟练和自动化的程度还会不断提高。但是，如果长期中断练习，已形成的动力定型就又会逐步消退。因此，这一阶段教学的主要任务是巩固发展已形成的动力定型，使学生能熟练、省力、轻快地完成动作，并能在各种复杂变化的情况下灵活自如地运用。

上述动作技能形成规律的三个阶段是有机联系的，其划分也是相对的，没有严格明显的界限。反映在体育教学实践中，由于教学内容的难易程度、教师的教学组织水平以及学生的体育基础等条件的不同，各个阶段的具体特点和所需时间也各不相同。尽管如此，动作技能形成的三个阶段是客观存在的，在不同的阶段中，动作技能的教学各有特点，并有与其相应的教学目标和要求。只有根据这些特点、目标和要求采用相应的手段和方法，才能收到事半功倍的效果。

2. 人体机能活动能力变化的规律

在体育教学过程中，机体功能活动能力的变化与人体有关器官系统的功能是密切相关的。若学生进行反复运动练习，其生理机能活动能力就会发生一系列的变化，这种变化是有一定规律的。

当人体开始运动时，受机体惰性的影响，人体各器官系统的机能活动能力从相对较低的水平逐步上升，这一过程称为逐步上升阶段。在以后的一段时间内，人体机能活动的能力稳定并保持在较高水平，即保持在一个起伏不大的范围内，此阶段称为稳定阶段。之后，人体机能活动到一定的程度便开始产生疲劳，身体机能活动能力下降，经过休息，身体机能活动能力又逐渐恢复到相对安静时的水平，这个阶段称为下降和恢复阶段。身体机能活动能力从上升到稳定再到下降恢复的过程，称为人体生理机能活动能力变化的规律。

由于年龄特点、身体健康状况、体育基础水平、教材的性质、教学组织教法以及气候条件等的不同，学生机能活动能力上升阶段所需要的时间、最高阶段的高度、稳定的时间，以及承担急剧变化负荷的能力均有所不同。学生的年龄不同，机能活动能力的特点也不同。少年儿童机能活动能力的特点一般是上升时间短而快，最高阶段延续时间较短，承担急剧变化负荷的能力较低；青壮年是身体机能活动能力最旺盛的阶段；壮年以后，随着年龄的增长，身体机能活动能力又将逐渐降低。随着身体训练水平的提高，身体机能能力上升阶段的时间可以缩短，保持最高阶段的时间可以延长，承担强度大的急剧变化负荷的能力也会提高。教材的性质不同，其上升坡度和最高阶段的高度就大不相同。另外，气候炎热，上升阶段所需要的时间就短；气候寒冷，上升阶段所需要的时间就会延长。

在体育教学过程中，体育教师必须遵循人体生理机能活动能力变化的规律，结合学生的具体情况，正确组织安排教学，循序渐进，完成教学任务。

3. 人体机能适应性规律

在体育教学中，学生积极地进行身体活动，反复进行练习，促进体内物质不断消耗，以释放出供给运动活动需要的能量。身体能量物质被强烈消耗，必然引起疲劳和暂时的身体机能下降，但疲劳的过程同时也是刺激恢复的过程，能使能量储备加强，出现超量恢复，提高了机体的适应能力。超量恢复是指体育运动后，在恢复阶段，人体内运动时被消耗的能量物质，不仅恢复到原有水平，并且在一段时间内还超出原有水平。这就是在体育教学中，学生承担一定负荷的刺激，促进新陈代谢和提高机体能力的过程，这个过程是阶段性的。

工作阶段：学生承担一定的运动负荷（身体练习的量和强度），动员机体的潜在能力，身体内易化作用加强，能量储备逐渐被消耗。

相对恢复阶段：经过间歇和调整，各机能指标恢复到工作前的水平。

超量恢复阶段：经过合理的休息和能量补偿，物质和能量储备超过原来水平，提高机体的工作能力。

复原阶段：如果间歇时间过长，失去了超量恢复阶段的效果，机体工作能力将下降到原来水平。

机体适应活动所产生的体内一系列变化的过程，是由工作阶段进入到相对恢复阶段和超量恢复阶段，最后到复原阶段，就是人体机能的适应性规律。在体育教学中，为了有效地提高学生的机体能力，增进健康，最重要的是合理安排负荷与休息，超量恢复的状况将依赖于运动负荷的大小和人体新陈代谢能力的不同而有所变化。在一定范围内，肌肉活动量越大，消耗过程越激烈，超量恢复越明显，其结果使得一系列体育教学的效果得以积累，产生机能适应性变化，学生的体质就会得到增强。

第三节　体育运动训练基础理论

一、运动训练的基础

（一）运动训练的范围

运动员通过系统、集中训练以完成特定的目标。训练的目的是提高运动员的竞技能力，从而提升运动成绩。训练是一项系统工程，会涉及生理学、心理学及社会学等诸多变量。在此期间，训练要遵循循序渐进、区别对待等基本原则。在整个训练过程中，运动员的生理和心理素质得以塑造，从而满足一些严格的任务要求。

不管是初学者还是职业运动员，至关重要的一点是制定切实可行的训练目标。训练目标要根据个人能力、心理特征和社会环境来设计。有些运动员是为了赢得比赛或提高成绩，有些运动员则是追求获得运动技能或进一步提高生物动作能力。不论目标如何，都应可精确及可测量。不论是短期计划还是长期计划，在训练开始之前就应设定好，并且明确实现目标过程的具体细节。

（二）运动训练的目标

训练是运动员为了达到最佳竞技状态的准备过程。通过制订系统的训练计划，可使教练员的训练工作更有效率，而设计训练计划需要借鉴各门学科的知识。

训练过程是以发展专项特征为目标，这些特征与完成不同的训练任务紧密相关，包括全面身体发展、专项身体发展、技术能力、战术能力、心理素质、健康保养、伤病预防以及相关理论知识。要想获得上述能力，需要根据运动员的年龄、经验和天赋，运用个性化且适宜的方法和手段。

1. 全面身体发展

全面身体发展也称为一般身体素质，是所有体育运动训练的基础。一般身体素质发展的目的是改善基本的身体能力，如耐力、力量、速度、柔韧性和协调性。运动员全面身体发展的基础越扎实，就越能经受住专项训练，最终发挥出更大的运动潜力。

2. 专项身体发展

专项身体发展也称为专项身体素质，是发展专项运动所需要的生理或身体素质特征。这种训练类型是为了实现运动的一些特定需要，如力量、技能、耐力、速度和柔韧性。不过，许多运动项目需要各种关键运动能力的组合，如速度—力量、力量—耐力或速度—耐力。

3. 技术能力

这种训练强调以发展技术能力为核心，技术能力是获得体育运动项目成功所必需的条件。提高技术能力是以全面和专项身体发展为基础的，例如，完成体操十字支撑动作的能力，要受到生物动作能力中力量因素的制约。针对发展技术能力训练的最终目的是完善技术动作，优化专项运动技能，专项运动技能是展现最佳竞技状态所必需的。发展技术能力应当在正常和特殊状况（如天气、噪声等）下进行，并且始终围绕完善运动项目所必需的专项技能进行。

4. 战术能力

发展战术能力对于训练过程是极为重要的。战术能力训练的目的是完善比赛策略，该项训练要以竞争对手的战术研究为基础。具体来讲，这种训练的目的是利用运动员的技术和身体能力来制定比赛战术，增加比赛获胜的概率。

5. 心理素质

心理准备是确保发挥最佳体能所必需的要素，有些专家也称之为个性发展训练。不管术语如何称谓，发展心理素质（如自制力、勇气、毅力和自信）对于成功展现运动能力是必不可少的。

6. 健康保养

运动员的整个健康状况应当引起充分重视。健康保养可以通过定期健康检查和适当的训练安排来实现，其中适当的训练安排包括将大量艰苦训练和阶段性的休息恢复搭配进行。对于伤病和疾病，在训练过程中应给予重点考虑。

7. 伤病预防

预防损伤的最佳方式是确保运动员已经提高了身体能力，形成了参加严格训练和比赛所必需的生理特性，并确保进行适量训练，负荷过大将增加受伤的风险。对于年轻运动员来说，以全面发展身体为目标是极为重要的，因为这样可以提高生物动作能力进而有助于降低受伤的可能性。此外，疲劳控制也尤为重要，越是疲劳，受伤的概率就越大。因此，应当充分重视制订一个控制疲劳的训练计划。

8. 相关理论知识

应当在训练过程中充实运动员有关训练、计划、营养和能量再生等方面的生理学和心理学知识。运动员理解进行某种训练活动的原因非常重要，教练员可以针对各项训练计划的目标进行讨论或要求运动员参加关于训练的座谈会议来达到这一目的。让运动员具备关于训练过程和运动项目理论的知识，可以提高运动员的决策能力以及增加其对训练过程的关注，这样可以让教练员和运动员更好地制定出训练目标。

（三）运动训练系统

系统是指将某些观点、理论或假说采用正确的方法和手段加以组合的组织方式。

一个系统的发展应该基于科学成果及实践经验的积累。虽然一个系统在自身独立前会依附于其他的系统，但该系统不应被一成不变地移植。而且创造或完善一个更好的系统必须考虑到实际的社会和文化背景。

1. 揭示系统的构成要素

构成要素是训练系统发展的核心，这可以从训练理论和方法的有关基本知识、科学成果、本国优秀教练员的经验积累，以及其他国家的前车之鉴中提炼和总结。

2. 明确系统的组织结构

确定了决定训练系统成功与否的核心要素后，就可以建立现实的训练系统了，而短期的和长期的训练模式也应当随之建立。该系统应当能为所有教练员共享，但也应当保持足够的灵活性，以便教练员能够根据他们自身的经验进行下一步的丰富与完善。

体育科研工作者对建立训练系统起着十分重要的作用。体育科学研究，尤其是应用领域的研究所提供的成果，丰富了训练系统赖以不断发展和完善的知识基础。此外，体育科研工作者的工作还能有益于完善运动员的监测计划和选材计划、建立训练理论以及完善针对疲劳和压力的处理方法等。尽管体育科学对于训练系统的重要性是显而易见的，但这门分支科学并未在全世界受到足够的重视。

3. 验证系统的效能或作用

一旦启动训练系统，就应当经常对其进行评估。训练系统有效性的评估可通过多种方式进行。验证训练系统效果的最简单的评估方法是该系统带来了实际运动成绩的提高，也可使用更为复杂的评估方法，包括对生理适应的直接测量，如荷尔蒙或细胞信号传导的适应。此外，力学评估方法可用于定量地测定训练系统的工作效率，如最大无氧功率、最大有氧功率、最大力量以及力量增长率峰值的评估。体育科研工作者在此领域起着极为重要的作用，他们用自己的专业知识来评价运动员，并对训练系统效率的提升提出独到的见解。如果训练系统并非最佳，那么训练团队可以重新进行评价并进一步改进系统。

总体来说，训练系统的质量依赖于直接和支持因素。直接因素包括那些与训练和评价相关的因素，而支持因素与管理水平、经济条件、专业化能力和生活方式相关。每一个因素对于整个训练系统的成功都发挥着重要作用，但直接因素的作用更为重要。直接因素的重要性进一步强调了体育科研工作者为高质量训练系统的发展和完善做出的重大贡献。

高质量训练系统对于达到最佳竞技状态是必不可少的。训练的质量不仅取决于教练员，还取决于许多因素的相互作用，这些因素会影响运动员的训练成绩。因此，所有会影响训练质量的因素都需要进行有效的落实和不断的评估，必要时进行调整，以满足当代体育运动不断变化发展的需求。

（四）运动训练的适应

训练是一个有组织的过程，它使身体和心理都在不断地接受各种负荷量和强度的刺激。运动员适应和调整训练与比赛负荷的能力同生物物种适应其所生存的环境一样重要——适者生存！对于运动员来说，如果无法适应不断变化的训练负荷与训练及比赛带来的刺激，将会导致疲劳、训练过量甚至过度训练。在这种情况下，运动员无法完成既定的训练目标。

高水平竞技能力是多年精心筹划、系统而富于挑战性的训练结果。在此期间，运动员不断调整自身的生理机能以适应专项运动的特殊要求。运动员对训练过程的适应程度越高，就越能发挥出高水平的运动潜力。因此，任何组织严密的训练计划，其目标都是为了促进适应，从而提高运动成绩。

如果负荷总是处于同一水平，那么适应在训练的早期就会出现，随之而来的是一个再没有任何进步的高原期（停滞期）。

因此，训练的目标是逐步地、系统地增加训练刺激（训练强度、训练负荷量和训练频率）以得到较高的适应，从而提高运动成绩。这些训练刺激的变化是指训练要素的改变，以使运动员对训练计划的适应最大化。

二、运动训练的原则

运动训练原则，是运动训练过程客观规律的反映。遵循训练原则就是遵循训练过程的客观规律，很大程度上反映了训练的科学化水平；违背训练原则就是违背训练过程的客观规律，是不科学的。运动训练原则对训练实践的重要指导作用也主要表现于此。因而实施科学化训练，就必须遵循运动训练原则，训练原则的贯彻是科学化训练最重要的体现。

（一）一般训练与专项训练相结合的原则

一般训练与专项训练相结合的原则就是指在运动训练过程中，要根据运动项目的特点，运动员的水平和不同的训练时间、阶段任务，恰当地安排两者的训练比重。

一般训练和专项训练两者在内容、手段以及所起的作用方面是不同的，但其目的是一致的，都是为了提高运动员的专项运动成绩。对青少年运动员来说，在训练的基础阶段，离开一般训练而过多采取专项训练的内容和手段，对自身的发展是不利的，重要的是如何按运动员不同水平和层次的实际情况，在训练过程的不同时期和阶段，恰当地安排好一般训练与专项训练两者的比重。

（二）系统的不间断性原则

系统的不间断性原则是指从初期训练到出现优异运动成绩，以及保持和继续提高，直至运动寿命的终结，都应系统地、不间断地贯彻运动训练的基本要求。

（三）周期性原则

运动训练过程的周期一般分为：多年训练周期（4～8年）、训练大周期（0.5～1年）、中周期（4～8周）、小周期（4～10天），以及训练课（1.5～4小时）这几种不同类型的训练周期，并依此制订各种训练计划。

就运动项目的特点而言，各运动项目对运动员机体能力有不同的要求，而且赛季的安排也不尽相同，如体能类的耐力性项目，准备性训练和比赛都要消耗巨大的体能，并且需要恢复的时间相对较长，因而全年大周期就相对较少；而一些技能类表现性项目和对抗性项目，尤其是球类，相对来说竞赛安排较多，赛季也长，全年训练大周期就多一些，多采用多周期（如双周期）制，或者竞赛期安排的时间较长；此外冬季运动项目如滑雪、滑冰等，受季节的影响，一般也只安排1～2个大周期。

在现代运动训练中，有的优秀运动员在年度项目中参加重大比赛的次数较多，并要求多次创造优异的运动成绩，因此有的研究提出多周期的安排，这在优秀运动员的训练中是需要进一步通过实践和科学研究加以探讨的。

（四）区别对待原则

区别对待原则是指在运动训练过程中，要根据运动员的个人特点，有针对性地确定训练任务，选择科学的方法、手段来安排相关负荷的运动。区别对待原则中所指的个人特点，包括运动员的年龄、性别、文化水平、身体条件，承担负荷的能力、技术、战术水平和心理素质等各个方面；确定训练任务，包括通过训练课到全年或多年的训练期望达到的目标和具体任务。

第二章　体育教学内容

第一节　体育教学内容概述

体育教学内容是体育教学工作者在进行体育教学时的主要参考，因此体育教学内容在体育教学中占据着非常重要的地位。再加上体育教学内容所涉及的知识点较为繁杂、宽泛，因此，对于任何一名体育教学工作者而言，体育教学工作都必须建立在对体育教学内容充分了解的基础上。

一、体育教学内容的概念

笔者根据多年来对体育教学的研究与认识，结合对体育教学内容的理解，将体育教学内容定义如下：体育教学内容是依据当前国家总的教育方针和社会对体育教学的需求制定出来的，是根据对学生身体条件和学校教学条件的深入分析和研究，在体育教学环境下传授给学生的一种体育锻炼活动。

体育教学内容是根据体育教学的目标进行选择的，是根据学生在成长过程中的发展需要以及体育教学过程中必备的教学条件整理而成的，且根据社会需求的发展而不断变化。

体育教学内容主要是针对教学对象的大肌肉群的运动进行的，其具有很强的实践性，主要包括身体的锻炼、运动型教学的比赛、运动技能的获取等。

语文、数学、英语等学科知识的传授可以在教室内完成，学生可以通过对书本的反复研读，最终获得一定的知识和技能。但是对于体育教学而言，其所有的运动技能的传授，都必须在体育教学活动中完成。

二、体育教学内容与体育运动内容的区别

体育教学内容是保证体育教学正常进行的有力保障，其与体育运动内容之间有着细微的差别。作为一名体育教育者或是研究者，清楚地掌握它们之间的差别，有助于不断深入了解体育教学内容。经过深入分析和研究，笔者对体育教学内容和体育运动内容之间的区别介绍如下。

（一）服务目的不同

体育教学内容是以教育为主的，其服务目的是促进学生身心健康的发展，其内

容偏于理论性，对教学活动具有指导意义。体育运动内容是以提高竞技运动水平、夺取胜利为主，其服务目的较偏重于教学内容的娱乐性和竞技性，对教学活动而言具有很强的实践性。

（二）内容的改造要求不同

随着时代的不断进步，体育教学内容需要根据时代的变化和社会的需求不断改变，以保证体育教学内容能够满足社会培养人才的需要。因此需要对体育教学内容进行必要的改造、组织和加工，而体育运动内容不必进行这种改造。

三、体育教学内容的发展

体育教学内容和其他教学内容一样，也是随着社会和教育事业的不断发展而发展的。但是，与其他教学内容相比，体育教学内容的形成和完善还处于发展阶段。根据多年来对体育教学内容的研究，笔者认为体育教学内容的发展主要来源于以下几个方面。

（一）体操和兵式体操

古代体育的主要形式是兵式体操，由国家的专门机构指导参加训练的士兵进行列队、射击、剑术等战术问题的操练。后来，随着兵式体操训练的不断改进和制度的不断优化，体操最终成为今天体育教学的内容之一。

（二）竞技类体育运动

我国早期出现的竞技类体育运动有骑技比赛、蹴鞠等，后来，随着人们对竞技类体育运动的兴趣不断增强，这类体育运动的发展日趋完善，最终成为一种正规的体育运动。工业革命以后，随着人们生活水平的不断提高，英美的体育游戏迅速发展成为一种近代的体育运动，如足球、篮球、棒球等。而后随着不断的殖民扩张，这些体育运动最终传到世界各地并流行起来，迅速地在各国的学校教育中开展。再加上这些体育运动具有很高的娱乐性，因此深受广大青少年的喜爱，最终演变成体育教学活动中的重要内容。

（三）武术和武道

在古代的学校教育中，体育教学多是以武术教育的形式体现的，体育教学内容也大都是一些具有军事针对性的武术内容，这种运动不仅可以强身健体，而且能防身，因此迅速流行成为一种体育教学内容，在社会上展现出独特的魅力，这也构成了"武术"和"武道"的基础。再加上这些运动在对人的精神和意志方面的培养上有其他理论知识和教育学科所达不到的作用，因此，这种类型的体育活动深受人们的关注和喜爱。鉴于这种原因，由"武术"和"武道"原型构成的运动项目成为体育教学中一种正式的教学项目，受到很多国家的关注。

（四）舞蹈与韵律性体操

舞蹈是人类最古老的艺术形式之一，是从古至今人们最喜爱的一种活动。在社会发展的历程中，随处可以见到舞蹈的影子。研究各国文化发展的历史可以发现，舞蹈是世界上很多国家民族文化的重要组成部分，在民族文化的形成、民族之间的交流中占据举足轻重的地位。除了舞蹈之外，韵律性体操也因为很多体育爱好者追求美感和锻炼效果，逐渐登上体育锻炼的舞台。在韵律性体操的基础上又出现了艺术体操、健美操等。传统舞蹈经过不断改进和提升，形成了多样的民族舞蹈、体育舞蹈等。舞蹈和韵律性体操能够陶冶身心，并且在培养美感和节奏感等方面也具有非常重要的作用。因此，舞蹈和韵律性体操逐渐成为体育教学内容的重要组成部分。

研究表明，以上几方面内容在体育教学中占有的比例不同，每个国家在进行体育教学的过程中对其重视的程度也有所不同。

四、体育教学内容的特点

（一）体育教学内容的功能具有多样性

体育教学内容起源不同，又受到所处文化形态的影响，这就决定了体育教学内容具有不同的功能，人们对体育教学内容的判断也必然会受到其传统起源的影响。因此，在进行体育教学时，要遵循因材施教的原则，这样才能保证体育教学的顺利进行。

（二）体育教学内容的更新速度较快

体育教学本身对实践性要求较高，所涉及的因素也非常多，受当前有关体育教学方针的影响，再加上体育教学本身受到地域、经济、政治、文化的影响较大，体育教学工作者在进行体育教学时的工作难度较大。要想与时俱进地开展体育教学，就要根据社会的需求不断地更新教学内容。

（三）体育教学内容之间是一种平行的关系

体育教学虽然涉及的内容较多，但是各内容之间并没有太多的联系和牵制，各内容之间是一种平行的关系。如跑步和跳远之间，就是相对平行的两种内容，在教学过程中，两者之间没有太大的联系。

（四）每一种体育教学内容被赋予的教学任务不同

体育教学内容具有很强的时代性，不同时代的人对体育教学的要求各不同，因此，每一种教学内容所承担的教学目标和任务也就不同，如在体育教学中开展各种体育锻炼是为了提升学生的体育素质，进行比赛是为了培养学生的团队精神、合作意识等综合素质。因此，在进行体育教学或是选择教学内容时，应该仔细地分析教学目标，以便对教学内容进行梳理和选择。

五、体育教学内容与教育内容的共性

体育教学内容是教育内容的一个组成部分，它与教育内容具有一些共性，这些共性主要表现在以下几个方面。

（一）教育性

体育教学内容是对受教育者进行身体健康教育和心理陶冶教育的参考，当体育教学研究者和教学内容组织者将众多的运动项目选为体育教学内容的时候，首先想到的就是这些运动项目本身所具有的教育性。体育教学内容的教育性主要体现在以下几个方面。

1. 有利于学生身心健康

体育教学是通过指导学生身体运动和开展一些竞技性的小组活动，以促进学生身心健康发展而进行的一种教学。体育运动本身就是一种肌肉群的活动，它能够通过身体的锻炼增强学生的体质，通过各种小组教学活动和竞技类活动的开展培养学生的综合素质。

2. 对学生成长具有积极的影响

体育教学内容主要是一些具有深刻影响意义的内容，能矫正学生的心态，培养学生坚强的意志，影响学生价值观的形成，对学生的成长具有积极的影响。

3. 内容的设计具有普遍性

体育教学内容所面对的是教学活动中的全体学生，因此所选择的教学内容具有普遍性。所谓普遍性就是指教学内容要保证适应大多数人群，这样才能达到教学的统一，有利于教学的开展和进行。

（二）科学性

因为体育教学本身就是一种以学校教育为主要形式而进行的有计划、有组织、有目的的教育活动，是以教育和培养青少年的健康发展为主要目的的，所以体育教学内容也应该与学校教育范畴中的其他教学内容一样，需保证其具有很强的科学性。经过多年对体育教学经验和教学内容的研究和分析，笔者将体育教学内容的科学性表现划分为以下几点。

1. 体育教学具有很强的针对性

体育教学的对象是广大青少年，其目标就是培养社会所需要的身心健康、全面发展的人才。再加上体育教学内容是对人类文明的反映和表现，同时体育锻炼的实践性也使得人们不得不重视这一过程，因此体育教学具有很强的针对性。

2. 教学内容符合学生的需求

在对体育教学内容进行筛选的时候，为了保证体育教学内容能够更好地为学生服务，体育教学研究者要对教学内容进行反复筛选，使其能够符合学生的身体发展需求和社会需求。同时，体育教学内容具有很强的指导性，为教学过程提供参考和依据。

3. 遵循体育教学的规律和原则

任何一门学科的教学都要遵循其特定的规律和原则，这是保证教学目标顺利实现的基本条件之一。体育教学牵涉的内容较多，较为复杂，为了保证教学过程能够按照目标的方向进行，在选择教学内容时应该遵循体育教学中特定的科学规律和原则，保证体育教学的科学性。

（三）系统性

体育教学是一门繁杂的学科，不仅所涉及的内容较为繁杂，范围较为宽泛，而且对教学目标的要求也较高。因此，在进行教学内容的梳理时，应该根据知识之间的系统性进行组织和安排。通过对体育教学内容的研究可以发现，体育教学内容的系统性主要表现在以下几个方面。

1. 教学内容本身的系统性

通过以上对体育教学内容的介绍可知，体育教学内容具有复杂性，但是每一个知识内容之间又表现出一定的联系性和逻辑性。如安排低年级的学生学习体育的时候，首先应该培养学生的方向意识，先通过"向左转、向右转、立定、向后转"等一些简单指令培养学生的方向意识，然后再对学生进行各种体育教学内容的训练。由此可知，体育教学内容本身就具有系统性。

2. 体育教学目标的系统性

在体育教学的过程中，需要根据体育教学的特点、学生的成长特点和教学环境等，深刻地认识体育教学过程和教学内容之间的规律性，还须根据学生的成长过程系统地、有逻辑地安排各个学校、各个年级的体育教学内容，并处理好它们之间的相互关系，将体育教学贯穿于教学的始终，这就是体育教学目标的系统性。

六、体育教学内容的特性

体育教学内容除了具有与教育内容的共性之外，还具有很多专属特性，这些特性在体育教学过程中发挥着非常重要的作用，主要表现在以下几个方面。

（一）实践性

众所周知，体育教学内容主要是一些具有教育意义的运动项目，并且需要学生肢体和大肌肉群的共同作用才能完成，因此，运动实践是体育教学中一个较为突出的特点。一般学科都是通过教师的课堂讲授，加上听、说、读、写等一系列训练完成教学任务的，而体育教学内容仅仅依靠听、说、读、写这种相对静态的方式是无法保证完成的，需要在特定的场地通过一定的体育运动才能完成。虽然国家规定的体育教学目标中包括对学生的心理健康的教育，但是这种教育也是通过某种体育活动的开展让学生体会到的。由此可见，体育教学内容具有实践性的特点。

（二）娱乐性

通过之前对体育教学内容的介绍可知，体育教学内容主要来源于生活、军事和艺术等方面，如武术来源于古代军营；体操、健美操、舞蹈来源于艺术行业；跑步来源于我们的日常生活。适当的运动或者竞赛活动会让参与者获得身心上的放松或者是身体上的改变，如篮球、足球、乒乓球等，这些运动能够丰富学生的业余生活，促进学生之间的交流，使学生在运动中获得快乐，这就是体育教学内容娱乐性的表现。

（三）健身性

体育教学的目的之一就是增强学生的体质，让学生都能拥有健康的体魄。体育教学内容有很大一部分是以大肌肉群运动为形式的技能传授与练习，因此，很多能为身体带来动能的体育运动都会增加学生身体的运动负荷。再加上青少年正处于身体发育的关键时期，适当的体育运动能够促进他们的身体成长，提高他们的肺活量和身体承重力，不断地激发他们身体内部的潜能，从而可以达到强身健体的目的。

（四）开放性

体育教学内容和其他学科教学最大的区别就是体育教学内容具有很强的集体性，注重对学生的人际交流能力、团队合作能力等社会性能力的培养和提升。再加上体育教学内容中所涉及的很多运动项目都是需要小组或者是集体共同完成的，需要全体成员充分地发挥自己的作用才能更好地完成，从这一方面来看，其教学内容具有很强的人际交流开放性，有利于学生人际关系的培养。

第二节　体育教学内容的目标

体育教学的内容来源于人类发展的各个时期，其教学内容的目标和要求都具有很强的时代性。这主要是因为体育教学内容由当地民众的文化水平、地域气候条件、社会政治经济发展状况、生产力水平、科学技术水平等因素决定。为了帮助更多的体育教学工作者认清体育教学内容目标和要求之间的关系，笔者结合自身的经验和知识，以及对实践教学的分析和观察，在本节中对各种体育教学内容的目标和要求进行简单的介绍。

一、传统性体育教学内容的目标和要求

传统性体育教学内容主要是指运用传统的教育方法对学生进行体育运动技能培

训的一种形式,是体育教学内容中一直存在的项目。虽然体育教学内容随着时代的不断更迭而持续变化,但是传统性体育教学内容因其积极的教育作用仍然在教育中占据很重要的地位。下面将对一部分传统性体育教学内容的目标和要求进行简单叙述。

(一)体育保健

体育保健教学内容的目标:通过体育保健基本知识和原理的传授,让学生深刻地认识到体育教学在人的成长过程中的重要作用,学习体育运动对国家、社会的重要作用,从而激发学生对体育锻炼的使命感,使他们自觉地参加体育锻炼。除此之外,通过体育保健基本知识和原理的学习,让学生了解一些体育学习的必要知识,形成对体育教学的正确认识。

体育保健教学内容的要求:体育保健教学内容的编写应该结合当前社会的状况、学生的实际需求等方面进行,精选一些对学生的实际生活和成长有较重要影响的体育运动项目,保证内容的真实性和目的性。同时在对这类内容进行教学的过程中,要结合实际操作进行演示,帮助学生掌握和接受。

(二)田径运动

田径运动是常见的运动项目,主要包括跑步、跳高、跳远、投掷等内容。

田径运动教学内容的目标:通过这项运动,让学生了解田径运动的一般规律和基本知识,能清楚地认识到田径运动对他们成长过程中身体素质培养的重要意义,掌握一些田径运动相关的基本原理、方法和田径运动技能,通过生活中的不断练习,达到增强体质的目的。

田径运动教学内容的要求:在设计田径运动教学内容的时候,不应该单单从竞技类运动的角度划分和分析田径运动的教学内容和作用,而应该从文化、运动特点、技能作用等多方面进行教学内容的设计和组织,这样才能让学生更科学地掌握田径运动的基本知识,并且将获得的田径运动知识和技能正确地应用到健身实践中去。由于田径运动会使肌体产生一定的负荷,负荷强度太高会对肌体造成一定的损害,强度太低则达不到运动的效果,所以在教学过程中,应该根据学生的身体特点进行灵活教学。

(三)体操运动

体操运动是体育教学中的重要组成部分,由于其对人体的平衡和形体的训练有着非常积极的作用,这一项运动颇受广大青少年的喜爱。

体操运动教学内容的目标:第一,在教师的指导下,让学生充分地了解体操运动文化,了解体操运动对人体健康的作用;第二,让学生掌握一些基本的体操运动技能和方法,使学生能够在日常生活中使用体操来锻炼身体;第三,让学生能够安全地从事体操运动,并且掌握一些体操比赛的基本常识和技巧。

体操运动教学内容的要求：体操不仅能锻炼人体的平衡性、协调性和灵活性，而且能对学生进行心理方面的积极引导和教育。因此，要从竞技、心理和生理等多视角来对体操教学内容进行分析。在教学内容的编排上要保证一定的层次性，不能总是停留在低水平层次上。在教学过程中，要根据学生的身体特点，开展合理的训练，如有些平衡能力较差的学生，应该对其进行更多有关平衡能力的训练，做到因材施教，这样才能保证教学质量的提高。

（四）球类运动

球类运动是一种常见运动，主要包括足球、篮球、乒乓球等运动。球类运动是一项充满活力和竞技趣味的运动，因此很受青少年的喜爱。

球类运动教学内容的目标：第一，让学生充分地了解球类运动的基本概念和球类运动的一些比赛规则；第二，使学生能够掌握一些球类运动的技能和技巧，及参加球类运动比赛的常识性知识。

球类运动教学内容的要求：球类运动虽然是一项群众性的运动，但其技巧和方法较为复杂，因此在筛选教学内容的时候不能只针对球类的单个技能进行教学而忽视其与比赛之间的联系，否则就会违背球类运动的基本特性。此外还要注意教学内容选择的顺序性与实战性之间的联系。在教学过程中，要注重对技能的训练和对学生团队合作精神的培养。

（五）韵律运动

韵律运动其实就是一些类似于舞蹈、健美操、体操等的运动项目，韵律运动与其他运动最大的区别就是将舞蹈与运动相结合，在音乐节奏的作用下，实现两者的完美结合。

韵律运动教学内容的目标：使学生了解韵律运动的基本特征，了解从事这一项运动所应该遵循的基本原则和规律，掌握一些基本的技巧和套路。除此之外，通过此课程的学习，塑造学生优美的形体。

韵律运动教学内容的要求：韵律运动是一项表现运动，同时又是一项塑造形体的运动，不仅涉及音乐、艺术方面的因素，还涉及美学方面的知识，因此，韵律运动教学内容应该从学生审美观的培养、对舞蹈音乐的了解和掌握等方面全面地、多角度地加以考虑。韵律运动教学内容还要强调对学生创新能力的培养。

二、新兴体育教学内容的目标和要求

随着社会的不断发展，人们生活水平日益提升，科技不断进步，各国政治、经济、文化也迅速创新和发展。在这种社会背景下，新的体育运动项目也逐渐兴起。研究新兴的体育教学内容有助于优化体育教学的结构。通过对体育教学内容的不断研究和分析，笔者将新兴体育教学内容总结如下。

（一）乡土体育

近年来，随着教育改革的不断深入，创新教育内容、开发课程资源引起了广大体育教学研究者的重视，一些具有积极锻炼意义、散发着浓烈的乡土气息的运动项目重新登上体育教育的舞台。

乡土体育运动的教学目标：让学生对民间体育和民俗风情有更深的了解，使学生掌握一些具有地区特色的民俗体育知识和技能，促进当地传统文化的继承和传播。

乡土体育教学内容的要求：这类体育项目来自民间，具有民俗文化的传播作用，因此，要注重其内容的文化性、安全性、锻炼性和规范性，同时剔除一些不利于文化传播或是正能量传播的因素，摒除一些错误的实践。

（二）体适能与身体锻炼

随着社会对学生的身心健康全面发展要求的不断提高，一些针对性较强的体育锻炼作为培养学生身体健康的运动被正式带进课堂。这些内容与教师对此运动的实践技能的传授相结合，共同发挥着提高学生身体素质和运动素质的作用。

体适能与身体锻炼教学内容的目标：体育教师应该通过这一部分教学内容有效地锻炼学生的身体，让学生掌握更多实践锻炼和运动的原则和方法，帮助他们更好地提升运动技能。

体适能与身体锻炼教学内容的要求：这是对学生体适能的锻炼，因此要结合学生身体素质的状况，遵循体育锻炼时的基本规律，要注意锻炼的针对性、科学性和时效性，同时注意内容应该符合国家规定的关于学生体质健康的实行标准。

（三）新兴体育运动

新兴体育运动教学的内容具有时代性，因此教师在教学时要注意对体育教学目标的掌握。

新兴体育教学内容的教育目标：使学生掌握一些比较流行的体育运动文化，提高学生对新兴体育运动教学内容的兴趣，同时提高体育教学在终身教育方面的实用性，从而提高体育教学的质量。

新兴体育运动教学内容的要求：由于是一种新兴的体育教学内容，所以在选用这种教学内容时，首先要保证其符合教学条件的基本要求，其次要注意体育教学内容的文化性、教育性、安全性和实践性，同时注意对教育内容的筛选，杜绝不利于学生成长的体育内容。

（四）巩固和应用类课程

巩固和应用类课程的基本教学内容是新课标要求下的一种教学内容，是随着活动课程的发展而不断形成的。

巩固和应用类课程的基本教学内容的目标：通过此类教学内容的学习，巩固学生有关体育教学的基本知识和技能，使学生能够将其与运动实践相结合，以此提高学生的体育锻炼技能以及在参加体育活动方面的常识和能力。

巩固和应用类课程的基本教学内容的要求：在选用教学内容时，应该注意将其与学科内容和体育教学内容完美融合，同时注意对内容的延展性和应用性的掌握，注意对学生在体育教学活动中的创新能力和创新意识的培养，进一步拓展体育知识和技能。

三、我国体育教学内容的发展和改革

（一）体育教学内容的发展趋势

体育教学内容是从人们传统的生活方式和生活习惯中演变而来的，由于时代不同，体育教学内容也产生了不同程度的变化。笔者将体育教学内容的发展趋势总结如下。

1. 正规的体育运动项目迅速兴起

人们对体育教学的认识以及对体育教学的重视程度逐渐提高，随着现代竞技体育运动的不断兴起和普及，正规体育运动项目逐渐取代了乡土体育教学内容。

2. 对体育教师的要求较高

虽然随着新课标的推行，体育教学内容的数量正在不断减少，但是随着体育大纲中教学目标的强度不断加大，体育教学内容的难度也有所增加。这就要求承担体育教学工作的教师必须是受过专门体育训练的人员。

3. 体育教学的娱乐性因素在减少

随着教育事业的不断创新和发展，体育教学也在素质教育的推动下逐渐发挥着其重要作用。目前，体育教学已成为社会培养全面发展人才、培养健康体魄学生的重要途径。在这一背景下，体育教学逐渐淡去了其本身具有的娱乐性，加大了对锻炼性的要求。

4. 运动器材的正规化

体育运动已经作为一种正规的体育教学手段被推上了教育的舞台，并且得到了足够的重视。随着科学技术的不断发展，一些新兴的具有锻炼意义的正规体育器材，也被应用于教学情境中。

（二）体育教学内容的改革

通过上述对体育教学发展趋势的分析可以看出，体育教学内容虽然日益正规，却很单调，技术难度在不断加大，但是娱乐性在不断减少，长此以往，学生会逐渐降低对体育运动的兴趣，针对这种情况，必须进行以下体育教学内容的改革。

1. 改变体育教学中生硬化的内容

体育教学内容的生硬化将会使体育教学变得枯燥无味，并降低学生对体育运动的兴趣，不利于教学效果的加强和教学质量的提高。因此，当前应该改变体育教学内容生硬化这一现象，使学生重新燃起对体育运动的兴趣。

2. 解决体育教学内容与学生社会体育活动之间的差异

体育教学内容的原型来源于人们的日常生活，也正因如此，将体育教学内容与学生社会体育活动联系起来，有利于学生掌握和巩固体育知识和技能。因此，应该改变体育教学内容与学生社会体育活动之间的差异，推进体育教学的群众性和实践性。

3. 提高学生的体育兴趣

兴趣是促进学生更好学习的催化剂，但是由于近几年体育教学内容去娱乐性的特点，很多学生觉得目前较为正规的体育教学变得枯燥无味，逐渐对体育学习失去了兴趣。这对于体育教学而言是非常不利的，因此，体育教学内容应该重视其娱乐性，提高学生对体育学习的兴趣。

4. 多增加一些具有民族性的体育内容

体育教学内容中应该多增加一些具有民族性的体育教学内容，提高学生对民族文化的认识，促进民族体育文化的传播。

第三节 体育教学内容的分类

为了更好地解决体育教学内容中关于层次和分类的问题，本节对此进行深入探讨。

一、体育教学内容分类的重要性

对内容进行层次和分类研究的主要目的是对这些内容进行整合和归类，以加深人们对此内容的认识。对体育教学内容的层次和分类进行研究的目的，是便于体育教师在体育教学的过程中对教学内容进行梳理和讲授时，能够建立更加清晰的体育教学内容体系，保证体育教学内容与体育教学目标之间的联系更加紧密，也便于体育教师对教学过程进行合理安排。

由于体育教学内容较其他学科的教学内容而言具有很大的特殊性，加上体育教学内容所涉及的知识较为复杂，其分类一直是困扰体育教学工作者和研究者的主要问题。体育教学逐渐成为学校教学内容之一并受到普遍关注以来，体育教学研究者就对体育教学内容进行了很多不同的划分和研究。因此，体育教学内容的划分是一个多角度、较为复杂的工作，这主要是由体育教学内容的复杂性所决定的，也是由体育教学内容的多功能性、多价值性所决定的。

二、体育教学内容分类的方法和层次

研究国外体育教学的发展历程可以看到，国外在体育教学内容的分类上有很多方法，很多体育教学研究者对其进行了较为深入的研究，其中较为著名的就是德国体育学者所研究的分类方法，即多角度地对体育教学内容进行分类。例如，从心理学的角度，主要依据"教学指导心理"和"心理负荷"两方面对教学内容进行分类；依据运动类别，主要根据运动群体进行分类；依据解剖生理学，主要根据身体部位和关节部位进行分类。除此之外，还有从社会学角度、实践指导角度、发展角度进行的体育教学内容的分类。

我国体育教学研究者也对体育教学内容的分类做了很多的研究，依据笔者掌握的内容，我国对体育教学内容的分类也有多种方法。例如，根据人体的基本活动能力进行分类，根据运动者的身体素质进行分类，根据教学目的进行分类，根据运动项目进行分类，还有交叉综合分类法等。

根据以上国内外各种关于体育教学内容的分类方法，我们可以从中获得以下两点启示。

（一）体育教学内容的分类方法具有多样性

体育教学内容的分类具有多样性，这种多样性主要取决于体育教学内容研究者观察审视体育教学内容的角度和方向。因为体育教学内容较为繁多复杂，因此在对其进行分类的时候要多角度、全面地对内容进行分类和整理，保证其内容的合理性和科学性。

（二）注意体育教学内容的层次性

为了避免体育教学内容的分类过于繁多，可以先根据其层次的不同进行具有层次性的分类，然后在此基础上对其进行系统的分类，这样的分类方法较为清晰明了，便于教学的开展。例如，在进行篮球教学的时候，首先进行运球技术的教授和训练，然后进行传球技术、投球技术的训练，这样有层次的教授和练习有助于学生对知识和技能的掌握。

三、我国体育教学内容的分类

体育教学内容的分类，一直以来都是体育教学中的主要难题，分类的科学性直接关系到体育教学活动能否顺利开展，关系到体育教学质量的高低。因此，对体育教学内容的分类是体育教学研究中的重点工作。但是，我国体育教学内容的分类还缺乏对理论知识的理解，我国之前对体育教学内容的分类并没有具体指明所建立的层次。

（一）交叉综合分类法

所谓的"交叉综合分类法"，实际上就是将体育教学内容所涉及的运动实践部分的内容按照运动项目和身体素质两个方面进行分类，将"提高身体素质练习"和"各项运动教学内容"放到一起进行教学。

但是，在"交叉综合分类法"中，将"提高身体素质练习"和"各项运动教学内容"放到一起教学存在一个问题，即在对体育教学内容进行同一划分时必须以统一的标准为依据，而且要保证在此分类基础上所进行的子项分类不相互排斥，而是相互包容，因此，"交叉综合分类法"对于体育教学内容的划分是存在缺陷的。

（二）根据教学目的进行分类的方法

如果利用"根据教学目的进行分类"的方法，首先应该确定体育教学内容分类的上位——以"教学目的进行分类的方法"，在此基础上，再将下位的分类内容进行稍微改动，就能实现对体育教学内容的科学、正确分类，这样不仅不会造成体育教学内容在分类上的混乱，而且能促进学生对体育运动技能方法的学习。

笔者通过对体育教学内容的掌握和研究以及对学生特点、教学特点的研究，将体育教学内容分类的优点总结为以下几个方面。

1. 明确教学的方法和目的

以"教学目的进行教学内容的分类"的方法，结合学生特点和教学特点进行科学的规定，能够使教学的目的性和教学方法的应用更加明确，为体育教学的开展指明科学的道路。

2. 保证竞技运动知识和技能的学习

受传统教学模式的影响，即使在对学生进行体育教学的时候，教师也难以避免对学生进行"体育技能竞赛为目的的教学内容的编排"，这样就难以发挥体育教学内容的全面性，难以保证体育教学目标的顺利实现。以"教学目的进行分类"的方法，能够按照大纲要求的目的进行体育教学内容的编排，打破以"竞赛为目的的教材编排体系"，从而使学生对于竞技运动知识和技能的学习得到保障。

3. 能够避免内容上的重叠

体育教学内容繁多复杂，在对其进行分类的时候，按照传统的分类方法进行分类，难以避免会造成内容的重叠或遗漏。采用以"教学目的进行教学内容分类"的方法，首先对教学内容进行简单的层次分类，然后再根据每个层次内容属性的不同进行具体的分类，这样一方面便于内容的整理，另一方面也利于教学工作的进行。

4. 对体育教学的指导性增强

体育教学内容是进行教学实践的指导和基础。"教学的指导性"同时也是进行教学内容编写的要求。如何对体育教材进行分类并不是简单的教学问题，它是以科学的理论为依据，对教学过程提供指导。因此，对教学内容的合理分类能使教学目标与内容之间形成良好的对接，从而增强体育教学的指导性。

四、体育教学内容分类的注意事项

对体育进行教学内容分类的目的就是对内容进行科学的整理，使内容与教学目标之间形成无缝对接，完成教学目标、方法等的相互贯通，向体育教师清晰地传达体育教学课程和教学内容的目的，从而指导体育教学的进行。由此可见，体育教学内容的分类和整理在教学过程中占据着非常重要的作用。

（一）教学内容的分类要服从教学目标

体育教学内容的分类并不是一成不变的，而是要根据社会和国家的教育方针和教育目标的要求不断变化的，教学目标是随着时代的变化和人们需求的不同而逐渐变化的，所以固定的体育教学内容的分类也是不存在的。因此，体育教学内容的研究者和教材的编写者在对体育教学内容进行分类的时候，要不断地更新自己的时代观念，关注社会体育教学目标的变化，使教学内容的分类更好地服从教学目标。

（二）教学内容的分类要具有科学性

体育教学内容的分类是体育教学过程的指导依据，是实现体育教学目标的根本保障。因此对体育教学内容进行分类的时候，要保证其符合教学大纲的根本要求和原则，同时要有科学的观念，这样才能保证体育教学内容的分类能够更好地指导体育教学过程的顺利进行。

（三）教学内容的分类要具有阶段性

体育教学贯穿学校教育的始终，但是个体的成长具有阶段性，不同年龄段的学生对知识和技能的接受能力不同，加之体育教学大纲对各个年龄段学生的教学要求和目标是不同的，所以在对体育教学内容进行分类的时候，应当注意其阶段性，结合学生身体发育的不同阶段进行教学内容的编排。

（四）教学内容的分类应为教学实践服务

体育教学对实践性要求较高,实践性是体育教学的一个显著性特征。在进行体育教学内容分类的时候,首先应该将教学内容按照其实践性的强弱进行适当的划分。对实践性要求较强的体育教学内容,多安排其实践环节;对实践性要求较弱的内容,根据其性质多安排其理论课程的讲授,这样才能帮助学生全面掌握教学内容的重难点。

（五）要明确教学内容的选编原则

随着社会对体育教学要求的不断提高，我们需要通过体育教学研究对体育教学内容进行调整和优化，而为了保证体育教学内容更有利于学生的成长和发展，首先应该保证体育教学内容的科学性。因此，体育教学研究者首先应该明确体育教学内容的选编原则，这也是进行体育教学研究的必备条件。

（六）掌握和了解体育校本教材

体育校本教材是体育教师在指导学生进行体育活动时的参考基础，也是教学内容的载体，无论是哪一个层次的体育教学研究，都是建立在对校本教材加以了解的基础上的。掌握当前情况下体育教学的基本内容以及编写方案，可以为研究者提供更多的理论基础和现实依据。

（七）研究和了解体育教案

体育教案是体育教师在进行体育教学时的方案和步骤，是体育教学能够顺利进行的前提条件。开展体育教学研究的最终目的就是提高体育教学的质量，其中包括教师的教学方法和策略。对体育教案的研究和了解，能够帮助体育教师认识体育教学内容研究层次的划分方法和要求。

（八）了解和掌握体育教学条件

体育教学的实践性极强，为了保证体育教学的顺利完成，首先应该保证良好的物质条件和适宜的教学环境。良好的物质条件为体育教学提供了基础，例如，我们在开展体育教学的时候，学校需要提供诸如单杠、双杠、铅球、跳绳等一些能够保证体育运动项目顺利完成的物质条件。如果没有这些物质条件的依托，体育教学就会成为一纸空谈，无法落到实处，无法发挥其重要作用。适宜的教学环境同样也是体育教学的必备条件，学生只有在适合开展体育教学活动的环境中，才能真正融入体育教学活动；并且适宜的教学环境能够确保学生在体育教学活动中的安全，避免不利于学生安全的事件发生；与此同时，适宜的教学环境能够促进师生之间的交流和互动，促进体育教学质量的提高。因此，在从事体育教学研究的时候，首先应该清楚地了解体育教学条件，只有清楚地掌握体育教学条件，才能在此基础上对教学方案进行可行性研究和分析。

第四节　体育教材化及其内容

任何一个学科都有其教材化的划分，这是学校学科教学的根本特点之一，为了保证体育教学的正常开展，体育教学工作者应该重视对体育教材化的研究，为体育教学过程提供良好的教学素材，保证教学工作的正常进行。

一、体育教材化的概念

笔者通过多年来对体育教学的研究和各种参考资料的分析，将体育教材化的概念总结为：体育教材化是依据体育教学的目的和学生发展的需要，针对体育教学的条件将体育的素材加工成体育教学内容的过程。体育教材化的概念包括以下几层含义。

第一，体育教材化实际上就是将体育教学过程中的素材进行筛选、加工、编排，最终使其成为教学内容的过程，这是体育教材化的本质和基础。

第二，体育教材化侧重于对体育教学内容的加工和整理，体育教材也是加工的成果。

第三，体育教材化是依据学生的学习目标，结合学生的身体发育特点和认知规律，以为学生创造有利的教学条件为前提而加工完成的。

二、体育教材化的意义

纵观我国体育教学的现状以及特点，其涉及的内容非常广泛，它们有的来自人们的日常生活，有的来自传统的习俗，有的来自军队，都是体育教学内容的良好素材。但是这种素材绝不能被简单地认为是体育教学内容。如果我们将体育教材等同于体育教学内容，那么就无法保证教学过程的目标一致性，因为体育教材只是体育教学内容的参考，在教学的过程中，教师还应该根据体育教学的目标以及教学环境进行教学内容的筛选。

笔者结合自身对体育教学研究的知识和经验，将体育教材化的意义总结为以下几点。

第一，体育教材化是选择体育教学内容的依据和前提条件。在教学内容的选择过程中，可以选择一些与教学目标和学生的发展需要联系较为密切的知识作为教学内容，这样就可以避免教学内容的繁杂，避免教学内容选择过程中的目的性不强等问题。

第二，体育教材化是对较为宽泛的体育教学内容的加工，这样可以使体育教学内容的选择素材更趋近于教学目标和教学实际，消除体育教学素材与体育教学内容之间的差异，使体育教学内容的选择更具有目标针对性。

第三，体育教材化是对体育教学内容进行不断编排、整理、选择的过程，因此通过体育教材化对教学内容的加工，所选择的体育教学内容可以更具有整体性和系统性，体育教学工作者在教学过程中也能更好地发挥教学内容的教育作用。

第四，体育教材化能够通过将体育教学内容进行加工和整理，使得原本抽象的教学内容具体化，更容易融入教学活动之中，更容易被学生接受，从而使得体育教学内容成为教学活动的依据，保证教学能够有条不紊地进行。

三、体育教材化的层次

体育教材化有以下两个基本的层次。

第一，编写体育课程标准和教科书的工作，是体育教材化的第一个基本层次。体育教科书是体育教学过程的参考依据，任何一门学科的教学都需要教科书的指导。这个层次的工作一般是由国家和地方的教育行政部门完成的，因为这是整个国家和地区的体育教学过程的参照。编写体育课程标准和教科书的工作，主要是根据教学目标和当今环境进行教材的分类和加工，然后将所得的成果作为体育教学的教科书，供体育教学使用。

第二，依据课程标准、教学大纲和教学目标，将体育教材变成学生学习的内容，这个层次的工作一般由学校的体育教研小组来完成。体育教材中的有些教学内容只要求学生了解，有些教学内容需要学生掌握。因此，学校的体育教研小组需要结合体育教学目标以及不同年级学生的身心发展规律和特点，把体育教学内容进行细分和细化，使其在符合体育教学目标的大前提下，更加符合某一个班级或是某一层次学生的学习需求。

四、体育教材化的内容

笔者通过对体育教材化的研究和对体育教学工作的考察，得出体育教材化包括以下四项主要内容。

（一）体育教学内容的选择

前面我们在表述体育教材化的概念时，已经对体育教材化的含义做了简要的概述，即体育教材化实际上就是对体育教材的整理和加工。所谓的整理和加工就是从宽泛的体育教学素材中选择较符合教学目标、学生身心发展需要和学校基本条件的内容。由于体育教学内容涉及的范围非常广，因此在进行教学内容的选择时，应该遵守体育教学内容选择的原则和程序。

1.选择体育教学内容的原则

要选择符合教学发展需要、目标针对性较强的体育教学内容，首先应该清楚选择体育教学内容的原则。笔者认为，选择体育教学内容的原则有以下五条。

（1）统一性原则

体育教学内容的服务对象是体育教学目标，因此教学内容与教学目标要统一，实际上就是指所选择的体育教学内容要有其相对应的体育教学目标，如在体育课上，要求学生进行一些诸如跑步、跳远等的体育运动项目，实际上是为了增强学生的体能；让学生练习单脚站立，是为了提升学生的身体平衡能力；要求学生进行小组赛，是为了培养学生的团队合作能力等。在选择体育教学内容时，坚持教学内容与教学目标统一的原则，一方面能够保证所选择的教学内容的科学性、安全性；另一方面，对学生而言，还具有很强的身体锻炼价值。

（2）科学性原则

体育教学内容选择的科学性原则，实际上就是指所选择的体育教学内容要有利于学生的身体发展，能够促进学生身体素质和运动技能的提高，同时所安排的教学内容要在学生的身体承受范围之内。在进行体育锻炼的过程中，不能出现有损学生健康的行为，如不根据学生身体发展的特点而对其实施超负荷的教学任务，导致学生身体的某项机能受到损害。所以，在对体育教学内容进行选择时，坚持科学性的原则主要有两个方面的作用：第一，能够促进学生身心健康的发展，有助于增强学生的身体运动能力；第二，保证教学环境和教学实施条件的安全性。

（3）可行性原则

可行性原则是教学内容选择的基础，是教学过程的基本要求，如果选择的教学内容不具有可行性，那么教学内容的选择就失去了意义。如一个没有足球场地的学校，要加强学生的足球运动技能的培养，这种教学内容是不具备可行性的，因为场地限制了这项教学内容的顺利开展。可以看出，可行性原则是指所选择的教学内容能够符合地区大部分学校的物质条件和教学能力，以及学生实际情况的需要。无论教学内容多么完善，如果没有教学场地和各种器材的支持，也不具备任何实用性的意义，都不应该被选中。

（4）趣味性原则

趣味性原则是指选择的教学内容要能激发学生的兴趣，能使更多的学生参与其中。例如，很多学生喜欢上篮球课，这是因为篮球运动是当下最为流行的运动之一，学生可以借助这项运动充分地展示自己的活力，并能在运动中感受到乐趣。从学生的角度而言，体育运动带来的乐趣是学生参加体育教学活动的动机和目的，只有保证教学内容的趣味性，才能提高学生的参与热情，使学生能够积极主动地参与到体育教学过程之中，进而提高体育教学的质量。

（5）特色性原则

现在很多的体育教学研究资料显示，将地域特色融入体育教学之中，不仅能够促进体育走进日常生活，同时还能不断开发体育教学的特色，充分发挥体育教学的创新性，提高人们对体育学习的热情。例如，因为舞龙文化而出名的浙江省宁波市奉化地区，在进行体育教学内容的选择时，就将舞龙作为教学内容之一，这就大大提升了体育教学的地域特色，以较为贴近学生生活的教学内容，提升了学生对体育教学的参与热情。换言之，学校开展体育教学的目的就是提升学生的体能，因此，在选择教学内容时，也要尽可能地与地域特色相结合，以增加体育教学的实效性。

2. 选择体育教学内容的程序

选择体育教学内容并不是盲目进行的，而是依据一定的程序，这样才能保证所选体育教学内容的清晰性。在选择体育教学内容时，需要一个可操作的、优化的程序。

（1）确立教学目标

教学目标在教学内容的选择过程中占据着非常重要的地位。在选择体育教学内容时，应该坚持教学内容与教学目标相统一的原则，如果某些教学内容与教学目标不相统一，那么就应该被删除，如拳击，因为其对学生会造成一定的身体伤害，所以不应该置于教学内容之中。

（2）确保健身性和安全性

为了保证体育教学目标的顺利实现，根据教学的目标和需求可以选定一些体育教学内容，但是有时这些体育教学内容并不能成为教学的最终内容，因为教学内容除了要符合目标性的原则之外，还要能够符合健身性和安全性的原则，这也是教学内容科学性的基本要求。例如，前空翻，虽然这一教学内容符合体育教学目标的要求，但是因为其在教学的过程中存在安全隐患，所以应该删除。

（3）判断教学实践的可行性

经过以上两个程序之后，接下来就应该判断选择的教学内容是否具有实践的可行性。因为如果一种教学内容不具有可行性，那么即使再好也没有任何的意义。如保龄球运动，虽然符合教学目标的健身性和安全性这两个要求，但是几乎所有的学校都不具备开设保龄球教学的条件，所以这一教学内容不具有可行性，不应该出现在课堂教学之中。因此，判断教学内容的可行性，是教学内容选择的第三个基本程序。

（4）判断教学内容的趣味性

通过前面关于体育教学原则的介绍，我们已经清楚地了解到趣味性体育教学的重要作用。如果一项体育教学内容不具有趣味性，那么将很难被学生接受，即使其满足以上三个程序的要求，但是也不能保证最终教学能够顺利开展，教学目标能够实现。如铅球运动，虽然这一教学内容满足以上每一教学程序的要求，但是这一教学过程枯燥无比，无法提升学生的参与热情。

（5）符合终身体育教学观念

学校体育教学是终身体育教学和社会体育教学的基础，因此，在学校体育教学的开展过程中，要重视体育教学内容与社会和地区运动文化之间的关系，尽可能地把体育教学内容与社会和地区体育教学文化相结合，这是体育教学内容选择的第五个程序。如在艳阳高照、气温居高不下的南方开展滑冰运动，一方面不利于教学的开展，另一方面也不利于教学的基本操作，不应该置于教学内容之中。

为了保证体育教学内容的科学性和可操作性，应该按照以上五个程序进行教学内容的选择。

（二）体育教学内容的编辑

体育教学内容的编辑也是体育教学内容选择的环节之一，笔者通过对体育教材的研究和分析，将体育教学内容编辑的相关内容整理如下。

1. 体育教学内容的分类

因为体育教学涉及的内容较为宽泛，为了保证教学过程的系统性和整体性，在对体育教学内容进行编辑的时候，首先应该按照其特点和性质进行简单分类。相关内容在前文已有详细论述，不再赘述。

2. 体育教学内容的编辑原则

体育教学内容大多源于人们的日常生活，涉及的内容也较多，因此，体育教学内容的编辑一直都是体育课程和教学理论与实践的难题。笔者通过对体育过程和教学内容的分析，认为体育教学内容的编辑一般应该遵循以下三种原则：一是以学科体系为依据，按照由易到难的层次进行编辑；二是以学生身心发展的规律为依据进行编辑；三是根据教学的目的进行编辑。

3. 体育教学内容的排列方法

体育教学内容的排列实际上就是按照其编辑的逻辑顺序进行的，因此在内容排列的过程中，所有的内容都应该遵循学科知识特点和学生的学习逻辑，同时根据每个教学内容的特点，合理安排课时，并按照内容之间的递进关系，安排每一节课的教学内容。

（三）体育教学内容的改造和加工

经过选择和编辑两个步骤后得到的与体育运动有关的知识和内容，都是体育教学的素材，但是要将这些素材直接运用到课堂之中，还需要一个环节的支持，那就是对体育教学内容的加工和改造，将体育教学素材转化为体育教材，融入体育课堂之中也是体育教材化的过程。

通过我国目前的体育教学现状来看，我国在体育教材化方面已经取得了初步的成就。我国体育教材化的方法，主要有以下几种。

1. 动作教育的教材化方法

动作教育的特点就是将一些体育竞技类运动按照人体运动所应遵循的原理加以归类，提出针对少年儿童进行的教材设计，如"体操""舞蹈"等。这种教材的趣味性较强，操作较为简单，因此适用于低年级学生的学习。

2. 游戏化的教材化方法

游戏化的教材化方法，主要用以提升学生的学习热情，主要适用于一些比较枯燥和单一的运动，这种运动较难引起学生的学习兴趣。为了最大限度地激发学生的学习热情，将这些枯燥和单一的运动通过一些游戏情境串联成游戏，可以提升学生的参与兴趣。

3. 理性化的教材化方法

理性化的教材化方法，是为了帮助学生理解一些运动的原理，在教学过程中将"懂与会"进行结合的体育教材化方法。其主要特点就是挖掘体育运动背后的原理和方法，以探究式和启发式的教学为依据，引导学生进行教学知识的学习。

（四）体育教学内容的媒介化

因为体育教学内容较注重实践性和科学性，因此体育教学内容的媒介化是体育教材化的最后一项工作。实际上就是将体育教学素材进行选择、编辑、加工后，将其变成嵌入某种教学媒体之上的教学内容，在教师和学生之间建立一个知识传播的媒介。

体育教学内容媒介化的载体一般为教科书、多媒体音像教材、多媒体课件、挂图、黑板板书和学习卡片等，它们能够直观地将体育教学中相关的知识展现在学生的面前。

第三章 体育教学模式

第一节 快乐体育教学模式

一、快乐体育教学模式理论

（一）快乐体育概述

1.快乐体育的定义

国内学者认为快乐体育教学是以运动为基本手段并采用适宜的教法，在让学生强身健体的前提下，使学生得到理性的快乐体验，即以快乐心理体验为直接（显性）目标的体育教学。日本学者认为快乐体育教学思想的基本宗旨是把运动作为体育追求的目标而不仅仅是手段，即把运动作为学生将来生活的内容来教给他们，让他们能够理解、享受、掌握和创造运动，使运动文化成为自己生活中不可缺少的一部分，伴随终生。快乐体育是一种先进的教育思想，既寓素质教育于其中，又保存了传统体育教育的精华，它的特殊性使其成为体育教育的指导思想。

简而言之，快乐体育就是寓教于乐，从情感教学入手，倡导以学生为主体，教师为主导，对学生进行以健全的身心教育和人格教育为目标的体育教育的思想。其核心思想是如何采用各种有效措施使体育教学达到教师兴教、学生乐学的良好效果，最终使学生深刻体验运动的意义和乐趣，为其形成终身体育思想埋下种子。

2.快乐体育的发展

快乐体育作为一种理论和教育思想，随着时代的变化为人们所认可，在20世纪80年代中期被引入我国。在这之前，我国的教育惯用班级授课制，以教师为主导，学生完成教师所布置的任务。而当时的体育教育虽然在教学上对增强学生体质和提高学生运动能力都有积极作用，但由于传统教学模式的局限性，学生缺乏学习的主动性，参与运动的自觉性大大降低。这些消极的因素影响了整个教学目标的实现，因此必须改变和摆脱传统教学模式——教师主导主体型，使学生真正喜欢学、乐于学，清楚自己学习的目的和意义。快乐体育的应运而生，使学生在"乐"中接受体育教育，并从学中体会到"乐"的教学模式成为可能。现在，快乐体育已经成为我国体育教育发展的新方向，它既是传统运动技术教育的管理体制和教学模式改革的转折点，也是以应试为重心的教育观念和行为转变的必由之路。

（二）快乐体育教学模式

1. 快乐体育教学模式的定义

结合快乐体育的定义，研究认为，快乐体育教学模式是指以运动为基本手段并采用适宜的教学方法，在科学地强身健体的前提下，创设生动、活泼、和谐的教学氛围，使学生得到理性的快乐体验，激发学生的情感，唤起学生运动的自主性、能动性，以得到全面、主动、充分、和谐发展的教学模式。这种教学模式能够较好地提高学生对体育学习的兴趣，帮助其养成锻炼的习惯，为终身体育的形成打下基础。

2. 快乐体育情感教学模式

快乐体育应从情感教学入手，对学生进行健全的身心教育和人格教育，要重视爱的教育、美的教育，注意各项运动所独具的乐趣，强调兴趣与创造力。情感教学是学生身心培养的一种方式，这种从内心角度出发的教育方式对教学具有积极的影响。情感教学模式不仅把运动和情感作为实现教学目标的手段，而且作为教学的直接目的。在教学中，应注意体现以下几个特点。

（1）乐学性

在体育教学中渗透德育是体育教学的基本要求。快乐体育以"乐学"为支撑点，培养学生良好心理素质。心理素质包括目的、兴趣、情感、意志等全部非智力因素。

（2）趣味性

"授之以趣"，教师乐教，学生乐学。

（3）情境性

将体育教学活动置于一定的情境之中会让体育学习变得亲切、自由和愉快。

（4）激励性

教学中一方面要"激情、激趣、激志"，激发学生的主动学习精神；另一方面要"激疑、激思、激智"，激发学生的心智活动，达成在快乐中求发展，在发展中求快乐的目标。

（5）实效性

近期目标是培养学生良好的学习习惯和乐学精神，提高教学质量；远期目标是面向终身体育，发展体育素质。

3. 快乐体育"三部分"的教学模式

快乐体育"三部分"是指准备部分、基本部分和结束部分。

（1）准备部分

准备部分不仅是帮助学生在生理上做好上体育课的准备，而且是将主动权交给学生，让学生自由想象、敢于发挥、勇于创新。这样既给了学生一个表现自我的舞台，锻炼了学生的组织能力，又向学生提出了更高的要求，促使学生继续努力，养成良好的体育习惯。

（2）基本部分

由学生自由选择项目、自由编组、自主学习与锻炼，教师所要做的就是协助学生解决其在练习过程中遇到的困难和问题。在教学中，教师根据学生选取的项目以及他们的认知水平、运动能力制定各堂课的教学目标。学生围绕教学目标可以采用多形式的学练方法，同时通过集体智慧来解决学习过程中出现的各种问题。

（3）结束部分

不要让学生拘泥于传统的形式，只要是有益于身心放松的活动都可以采用，如游戏、欢快的集体舞、互相按摩、自我按摩、调整呼吸、意念放松或听上一段优美的音乐，想象把自己置身于优美的自然环境中。

4. 快乐体育多媒体技术教学模式

体育教师的特长、喜好、年龄、身体素质影响着体育教学的开展。运用多媒体辅助教学可以极大地优化教学环境，克服教师自身条件限制，提高学生学习的兴趣，促进学生主动学习。多媒体的教学在教学内容上更加形象化，视觉效果也更加丰富，能够更好地带动学生兴趣，增加课堂气氛。

多媒体技术可以提供丰富多彩的声、光等各种信息，使课堂教学变得生动活泼，优化教学环境与教学氛围，使师生之间的信息交流变得顺畅。例如，在讲篮球战术理论时，可以通过播放学生喜欢的美国 NBA 比赛、国内 CBA 比赛等片段，让学生了解战术配合的形式和变化。通过慢放或反复播放，让学生看清楚战术配合中场上队员跑动的路线、采用的系列技术动作等，再加上教师的进一步讲解，可达到视听结合、生动有趣、直观形象的效果。体育运动是脑力劳动与体力劳动的结合，缺一不可，单纯有体力无法学好动作，单纯有脑力掌握不了技术。因此，学生在心境开朗、快乐的气氛中学习，才能达到事半功倍的效果。

（三）快乐体育教学的理论基础

1. 生理学基础

传统的体育教学，学生常处于一种迟缓或被动的状态中，不会或极少会引起神经系统的兴奋，只会影响运动后的食欲、睡眠、工作和学习等。而快乐体育教学后的生理学实践证明，由于人体神经系统兴奋适度，有助于升高血糖的浓度，为运动后的学习、工作及时提供能量，有助于提高学习和工作的效率。运动能带动生理机能的转变，使人体的整个神经系统运转，在此基础上对人体大脑产生刺激，带动兴奋，从而提高了学习、工作的效率，这样劳逸结合，能更好地保证学习、工作的质量。

快乐体育的教学，使学生在和谐的课堂氛围中学习如何保护心脏，提高心肺功能，避免过强或被动的负荷运动对心脏产生不利影响。实践证明，以快乐体育为教学手段时，学生的最大负荷强度为60%左右，这种负荷强度对学生的锻炼效果最好，既有利于保护运动器官，又有利于促进青少年学生身体的正常生长发育。

2. 心理学基础

在体育教学或训练中，如果运动的性质违背了学生的心理，或运动的单调、乏味使学生感到厌烦，欲望受到压抑，行动变得迟缓，将不利于学生良好个性品质的发展。而在快乐体育的教学中，运动的性质符合学生心理，使他们的情绪变得高涨，心理得到满足，行为变得轻快，教学目标则容易实现。因此，体育教师讲授的内容要既新颖又不陌生，要通过项目内在特征所产生的特有的乐趣，让学生只要努力就可以掌握，使其感受到成功的乐趣，这样才达到了快乐教学的目的。当然，我们反对"兴趣中心主义"，反对"一切从学生的兴趣出发"。在这里，有必要将快乐与乐趣加以区别，快乐是一种愉快的情感体验，而乐趣则是使人产生愉快情感体验的特性，例如，游戏活动能使人产生愉快，这就是快乐，而产生快乐的原因在于它的趣味性，这就是乐趣。因此，我们必须根据不同学段学生的身心特点，对某些运动项目的教材进行必要的修改，选择容易激起学生乐趣的练习内容，采用生动活泼的教学组织形式，为学生终身体育打好基础。

3. 思想基础

新时期的新理念、新策略与新行动迫在眉睫地感召大家为培养学生能终身从事一项体育活动而努力，但是，培养的方法与手段需要用灵活多变、多样化相结合的新体育形式来启动与发展。这就是"快乐体育"带来的理想宗旨。它的不断完善不仅代表学生将来对体育事业的喜爱，还代表新一代体育教育工作者的成就。快乐体育教学是从情感教学入手，对学生进行以健全的身心和人格教育为目标的体育教育思想，它重视爱的教育、美的教育，注重各项运动独具的乐趣，强调学习兴趣与创造性学习。它不仅把运动和情感作为实现教学目标的手段，而且将其视为直接目的，让学生喜欢学、乐于学，又让他们知道学习的目的和意义。因此，快乐体育教学能激发学生的体育兴趣，满足他们的学习愿望，有利于培养学生自我体育能力与完美人格，为终身体育奠定基础。快乐体育简而言之就是寓教于乐，这是教育艺术的最高境界，也是成功教育的必由之路。

（四）快乐体育教学模式的特征

1. 整体教学目标突出发展性

"以人为本"，即人的发展是快乐体育教学追求的终极目标与核心，致力于人的发展的体育教育才是教育真正需要的。发展就是要提升人的地位，显示人的价值，开发人的潜能，昭示人的个性。快乐体育的核心是在教师的引导下，通过有效的教学方法和手段，激发学生的学习兴趣和自觉性，充分调动学生学习的积极性，变"厌学"为"乐学"，变"苦练"为"乐练"，有效地发展学生个性和培养学生体育能力，致力于体育教学目标上的发展性教育。

快乐体育教学模式是推崇融知识、技能和观念态度为一体的完整的发展性教育，体现体育教学的教育性原则，在教学过程中注重生存与发展的终身学习能力，有利于形成个性化学习模式，避开传统体育教学模式的最大弊病——封闭，即与外部世界缺乏联系，从"以人为本"的角度出发，将学生的发展置于社会文化教育的背景之中。

2. "以生为本"的指导思想

"快乐体育"是我国尝试的一种新的教学模式，其标准符合新课程标准的要求，它有利于唤起学生的自主锻炼意识，激发学生的兴趣，发挥学生的学习积极性，使学生在学与练的过程中树立正确的体育与健康的意识，掌握基本技术、技能以及正确的锻炼方法，养成自觉参加体育活动锻炼的习惯。又由于运动兴趣和运动技能是学生自主学习和终身运动的前提，所以快乐体育是终身体育的基础。总之，"快乐体育"教学模式真正意义上关注了学生的健康意识、锻炼习惯的养成，将增进学生的健康贯穿于体育教育的全过程，使学生健康成长。

3. 因材施教

在强调教与学的关系上，传统体育教育几乎完全忽视了学生的主体地位，过分强调教师的主体地位、主导作用，认为学生只是一个被动接受教育的客体，一切都由教师来安排，学生本身只需要完成教师布置的学习任务即可，忽视了学生的能动性。而快乐体育教学模式则把教学的中心从教师转向学生，实行以教师为主导与以学生为主体相结合的教学，即在发挥教师主导作用的同时，强调学生主体地位的体现，以此来激发和维持学生的学习兴趣与动机，以充分发挥学生的学习积极性和潜能作为提高教学效果的重要手段。它强调通过体验个性化的教学，对学生进行因材施教，满足每一个学生的需要和能力，并帮助学生建立和完成切实可行的努力目标。

4. 教学方法多样性

在教学方法上，要从以注入式的传统型教学为主转向以启发式的创造性教学为主，实现教学方法的多样化和科学化，逐步做到从情感入手，以发展个性为重点，分层次递进，讲究授之有趣，注重引导发现，培养学生发现问题、解决问题的能力。启发式教学没有固定模式，主要是在教学过程中调动学生学习的主体性，培养学生的思维能力。具体做法可以从实际出发，灵活运用，不必局限于一些规章制度，可根据学校现有的资源，比如体育器材和场地的状况，合理安排课程，最大限度地发挥学生自主学习、自主思考的能力，这样才能更好地挖掘他们思维的潜力。

5. 教学组织严密性

体育教学是一种涉及认识、情感等方面的人际交往过程，其教学过程有一个或几个体验运动乐趣的环节，这些环节相互连接，层层递进，使学生能体验到运动、学习、挑战、交流和创造的多种乐趣，建立一种协调、互信、融洽的师生关系和同学关系。在教学组织上，我们应该改变传统以强调纪律为主的组织方式，转向活跃的组织方式，形成严肃而不沉闷、活跃而不杂乱的理想环境。因此，课堂教学应该强调多向联系，加强师生之间、同学之间的纵横向交流，强调非模式化、生动活泼而又轻松的课堂氛围，明确教师的主导作用，指导学生参加课堂的组织和管理，给予学生充分的自由空间，充分发挥其主体作用，在教学目标的要求下，使学生愉快轻松地度过课堂时光。

二、体育游戏的教学价值

（一）体育游戏理论的概念

要更加准确地对体育游戏理论概念进行界定，首先应该了解"理论"是什么。有资料认为理论是"概念、原理的体系"。所以"理论"可以界定为一种能解释某种现象的具有逻辑关系的肯定陈述，它是一定的科学概念、概念间的关系及其论证所组成的知识体系。科学理论是对客观事物的本质和规律的概括性说明，是经过某些实践检验而被验证的假说，所以它是相对真理。科学研究的目的在于探索科学的理论，以认识事物的本质、规律，并用科学理论解释、预测和控制事物现象的变化和发展。所以"体育游戏理论"是关于体育游戏现象的本质和规律的概括性说明，是体育游戏的科学概念、概念间的关系及其论证所组成的体育游戏知识体系。

（二）体育游戏的内涵

1. 游戏的含义

游戏的本质是什么？这个问题一直是教育界、心理学界还有哲学界广泛探讨的问题，形成了各种不同的理论。

（1）精力过剩说

最早的游戏理论基础是德国哲学家康德提出的，以游戏中的想象为基础，他认为游戏是非理性的，游戏是在基础心智中进行的。而英国哲学家席勒的研究使得关于游戏角色与人类经验的思想得到了空前的发展，他认为文艺和游戏产生的共同基础是生理上的精力过剩。游戏、文艺的共同特征就是娱乐，而娱乐又是精力过剩的表现，是人们劳动后剩余精力的发泄。席勒把游戏分为两类。一类为"自然的游戏"，另一类为"审美的游戏"。自然的游戏，当然是指包括人在内的所有动物的那些游戏；而审美的游戏则是只有人类才有的游戏。在席勒提出的知识结构中还包含了物理性游戏与象征性游戏，物理性游戏需要使用剩余能量，而象征性游戏往往以艺术形式出现。

英国哲学家斯宾塞继续发展了康德的游戏理论。斯宾塞认为，当我们进化为高等动物之后，时间与精力并没有完全被用于满足我们生存的直接需要。由于每一个具有智力的生物都服从这一规律，即当它的器官停止活动的间隙比通常时间长时，就变得格外易于活动。因此，当环境准许模拟时，对器官活动的模拟也就轻而易举地代替了真正的活动，于是就产生了各种各样的游戏。至今为止，无所表现的官能便趋向于多余而无用的活动。同时也出现了这样一种现象：通过这些不必要的努力，使那些在动物生活中作用甚大的功能得到最大程度的发挥。在此，斯宾塞认为游戏随种系进化而发展，物种的进化程度越高，其原始所需要的精力就越少，剩余精力就越多，就越能为游戏的产生奠定基础。

（2）娱乐放松说

首创于德国哲学家拉扎鲁斯的"松弛说"认为，人在生活中会消耗脑力及身体的能量从而造成疲劳，因此需要充分的休息才能恢复身体状态。游戏不仅具有恢复健康的功能，而且是恢复能量的理想途径。游戏与工作的不同在于，工作是消耗精力的活动，而游戏是储存精力的理想方式。

德国哲学家帕特里克发展了拉扎鲁斯的游戏理论观点，他认为，现代职业由于对抽象推理的要求更高，需要的后天技能也越高，从而导致了现代人的精神压力也越大。要解除这种相对个人来说过度的精神压力造成的疲劳，需要通过游戏来达到目的。

（3）种族复演说

随着人们对自身的了解，美国著名心理学家霍尔提出了人类的胚胎发展史是动物进化过程的复演，并在其基础上，进一步加深了复演学说的思想，将其运用到个体心理发展的学说上。他提出了应该把个体心理的发展看作是一系列或多或少复演种系进化历史的理论，而游戏就是人类祖先的运动习惯和精神通过遗传而保留至今的技能表现。他认为不同年龄阶段的儿童以不同的游戏形式在重演着祖先的各个发展特征。人们之所以对某一类游戏感兴趣就是因为它能接触、复活人类根本的情绪。

（4）生活准备说

德国著名心理学家、生物学家格罗斯从自然选择论的角度出发，认为游戏就是对未来生活的一种无意识的准备，是一种本能的练习活动。游戏是人和动物都具有的天赋本能活动，是生物不变的本性。他认为每个动物都要有一个准备生活的阶段，都要有一种锻炼自己生存竞争的能力，而游戏是准备生存、练习本能最好的形式。20世纪初，该理论成为西方游戏理论的中心。

（5）成熟说

荷兰心理学家赫伊津哈的游戏理论是游戏动力理论的一种。他认为游戏是儿童操作某些物品以进行活动，不是单纯的一种机能，而是幼稚动力的一般特点表现。他还认为游戏不是本能，而是欲望，主要表现为以下三种：排除环境障碍获得自由、发展个体主动性的欲望，适应环境与环境一致的欲望，重复练习的欲望。

（6）天赋本能论

19世纪德国著名学前教育家福禄贝尔阐明了游戏的教育价值，并把游戏作为幼儿教育的基础。他认为游戏是组成儿童生活的重要因素，幼儿正是通过游戏将内在的精神表现出来；强调游戏对幼儿人格发展、智慧发展有重要的意义；在游戏中使用玩具可以让儿童觉察到不可直观的世界。总之，游戏是儿童内部本能的表现，他强调教育要适应儿童的本能，强调成人要允许儿童自由游戏，才能发展他们的创造力及自主性。

以上各个学说对游戏概念的理解虽有很大差异，但它们之间并不是互相完全否定的，虽然有些学说将游戏看作是人先天性的本能、欲望的推动，从根本上贬低甚至抹杀了作为社会人的游戏的主观能动性和社会性，但各学说在理论上具有一定的共性，即游戏的娱乐性。这对于进一步理解游戏含义有一定的帮助。

在游戏的研究中，古今中外的学者提出了多种不同的理论见解，其中包括我国古代游戏理论。也有学者提出从广义上理解，即人类的生存及社会交往的过程均属于游戏。从狭义上理解，游戏是指各种有规则限制的，具有开发体力和智力价值的自身娱乐或集体娱乐活动的总称。而泛游戏理论认为，游戏就是在日常生活的一定时空中发生的活动者超越生活常规或遵守内部规则的自主娱乐活动。也可以说，游戏是活动者自主娱乐的活动，是活动者自得其乐的活动。

总之，对于"游戏"的概念，到现在还没有哪位学者能准确地概括，大家都只是进行了一些描述性总结，但不管怎么样，游戏却一直给人很神秘的思想启示，使人在游戏中感受以"心"为主导的身心的完美结合。

2. 体育的含义

体育是根据人类社会生活的需要，依据人体生长发育、动作技能形成和机体机能提高的规律，以身体练习为基本手段，以达到增强体质、调节心理、培养品德、提高运动技术水平、丰富社会文化生活为目的的一种有意识、有组织的社会活动。可以发现，体育的基本内涵是以身体练习为基本手段，全面发展身体，增强体质。

3. 体育游戏的含义

体育游戏作为一种社会现象，是随着人类社会的产生和发展而出现和演进的。在漫长的人类社会历史中，体育游戏经历了由萌生、发展到不断完善的过程。有学者提出它是游戏的一种，是以身体练习为基本手段，以增强体质、娱乐身心、陶冶性情为目的的一种现代游戏方法，它是按照一定规则进行的有组织、有目的的体育活动，也是一种有意识的、有创造性和主动性的活动，其基本特征是大众性、普及性和娱乐性。也有资料指明体育游戏是以游戏为活动形式，以身体练习为基本内容，以促进德、智、体发展为目的，按照一定规则进行的，具有浓厚娱乐气息的身体练习和思维练习方法的特殊体育运动。它对人体基本动作的形成、增强人体体力和智力、陶冶情操、培养兴趣起着积极的作用。

综合以上对"游戏"和"体育"含义的理解，可以明确体育游戏的定义，即体育游戏是按一定目的和规则进行的一种有组织的，以身体练习为基本手段，以促进人身心全面发展为目的的，将体力活动和智力活动相结合，富有浓厚娱乐气息和鲜明教育意义的自主活动。

（三）体育游戏的特征

体育游戏是在体育运动的基础上，综合人体的跑、跳、投等基本生活与劳动技能及各种体育基本运动形式，创编出来的多种形体动作。它是按照一定目的和规则进行的一种有组织的体育活动，也是一种有意识的、有创造性和主动性的活动。任何一种体育游戏总是具有一定的目的性，或是为了传授生活和劳动的技能，或是为了发展游戏者的体力和智力，或是为了娱乐。由于体育游戏是人类有意识的活动，因而在游戏活动的过程中，人们可以创造性地发展游戏的内容，制定游戏的规则，传授游戏的经验，以及不断地创造新的游戏。人类所特有的第二信号系统在这个过程中起着重要的作用。从这个意义上来讲，只有人类才有游戏。动物虽也有一些类似游戏的嬉戏，但那只是无意识的本能活动，与人的游戏有着本质的区别。

体育游戏的另一特点是有虚构和假想成分及非生产性。在游戏活动中，人们可以扮演各种不同的社会角色，这些角色可以与个人在现实生活中的角色毫无联系，在游戏中能摆脱现实生活中的忧愁和烦恼，在带有一定情节性的身体活动中使身心得到满足。体育游戏既有竞赛的因素，又有一定的情节，这就增加了它的趣味性和吸引力。同时，游戏总是受一定规则和要求的制约，规则本身有一定的教育意义，可以调节游戏者之间的关系，是游戏公正、安全、顺利进行的保证，有助于游戏的发展。游戏具有趣味性、教育性、竞争性、科学性等特点。

1.趣味性

《辞源》中说，游戏乃"玩物适情之事也"，即游戏是有趣的玩耍类的活动，它能使人在精神上得到某种欢娱，也能满足人们对娱乐的需求，能吸引各种不同的对象主动参加。不管何种类型的游戏，组织参与游戏活动首先要求游戏本身有趣好玩，参与者能从中得到欢乐。体育游戏也是如此，所以趣味性是体育游戏的第一大特征。如果没有趣味性，则不能称为体育游戏，而只能称为体育练习或身体练习。

2. 教育性

体育游戏是学生的"良师"，是体育老师的"益友"。体育游戏教学可以丰富教学内容，激发学生的学习动机；培养学生的思维能力、创造能力和竞争力；提高学生的注意力，改善学生的心态；完善学生的个性，培养学生的意志品质；建立良好的师生关系；提高学生的身体素质和健康水平，使学生在德、智、体、美诸方面全面发展。

3. 竞争性

体育游戏大多具有以个人或集体取胜为目的的竞争性特征。通常以游戏完成的数量、质量、速度为判别胜负的依据。因此，它充分体现游戏参与者体力、智力上的竞争特点，通过游戏活动可提高参与者的身体活动能力、思维能力、应变能力、创造能力，并在游戏中培养他们团结互助的集体主义精神，使他们在竞争中得到精神上的满足。

4. 科学性

在组织体育游戏的过程中要考虑到学生原有的知识、技能、身体素质和训练水平，应遵循由易到难、由浅入深、循序渐进的原则，对不同年龄和性别的学生进行区别对待，科学组织，做到"因材游戏"。同时，在游戏过程中要密切观察学生身体状况的变化情况，科学合理地掌握运动密度和运动量。

（四）体育游戏的功能

1. 增强教学过程的娱乐性，提高学生学习的积极性

所谓"寓教于乐"，是指学习动机是建立在需要和兴趣的基础上的，对有趣味、娱乐性的教学内容，参与者会主动去追寻和掌握，学生也一样。体育游戏活动拥有游戏的基本属性——趣味性，这一特征能使参与者产生积极的情感体验，这种情感体验可以促使他们对渗透在游戏中的学习内容产生兴趣，从而引导学生向认识兴趣态度转化，认识兴趣又可引起学习兴趣和需要，两者在游戏活动中互相促进，相互发展，最终提高学生学习的积极性。

2. 增强学生体质，提高健康水平

体育游戏是游戏的一部分，同时也归属于体育运动，主要包括促进身体一般发展的活动性游戏和与各种专项运动密切相关的专业性游戏两种。各种运动项目都以肢体活动为手段，活动的内容与形式又是预先设计的，根据运动生理学原理，科学合理地安排体育游戏活动量和强度，对提升身体素质、提高健康水平有积极作用。

3. 促进学生认知水平的发展

体育游戏是在轻松愉快、生动活泼的情境中进行的一种复杂的条件反射过程，它取决于大脑皮质对内、外感受器所产生的各种信号的分析能力。在游戏中，学生不仅需要具有较强的观察力、记忆力和判断力，其视、听、触、平衡、时间、空间

等感觉应灵敏，还需要有一定的认识问题、分析问题的能力，从而促进学生认知水平的发展。

4. 促进学生个性化的形成

体育教学中的个性是指学生在体育活动中经常表现出来的比较稳定的带有一定倾向性的个体心理特征。在体育教学中发展学生的个性，一般是指发展学生的个体心理特征。而体育游戏的优势主要体现在以下两点。

① 在游戏中，学生不受任何压抑，完全沉浸在欢乐中，在情趣盎然中锻炼开朗、活泼、大方等性格，个性发展得到充分体现。

② 体育游戏大多是集体活动，学生在游戏活动中都要扮演一定的角色，承担一定的责任与义务，这与人际交往中应遵循的道德规范一致，对学生的行为品德既是一种制约，又是一种引导，它是加速青少年社会化发展的有效途径。

传统的学校体育理论认为，体育教学的主要目标是追求运动技能的规范，提高和增强体力，这样教育出来的儿童、少年都是成人化的——成人化动作、成人化理论、成人化思想。而促进学生的个性发展是快乐体育思想的根本精神所在。快乐体育与学生的个性发展存在着辩证关系：一方面是学生的个性倾向性和个性发展水平在运动项目的选择以及参与运动项目的积极性和主动性上充分表现出来；另一方面快乐体育过程又能促进学生的个性发展，帮助学生更深地挖掘从事运动项目的潜力和参与运动的乐趣。这两方面相辅相成，在增强学生体质的基础上，体育游戏可促进学生在智力、心理素质、美育和能力诸方面综合发展。在快乐体育的思想指导下，体育游戏可培养学生的独立性、自主性、创造性以及热爱美、鉴赏美、表现美的情感和能力，丰富精神生活，促进学生个性的全面发展。

（五）体育游戏在体育教学中的价值

1. 促进学生身心的全面发展

游戏是自由的，在游戏中学生可以达到忘我的程度，将全部身心融入其中，体验自由、挑战和胜利带来的愉快，展示生命的活力与价值，完全不必考虑练习失败被人耻笑的滋味和被老师训斥的狼狈；在游戏中，学生与客体、他人、环境相互作用，借助于不断发展的语言的中介，自由进行各种模仿、操作与探索，满足着他们探求外部世界的好奇心与求知欲。因此，游戏是学生获取社会经验的一种独特方式，可以促进学生身心的健康发展。在游戏中，学生要与同伴交流、协作，共同完成游戏，并严格遵守游戏规则，不断解除以自我为中心的思维惯性，学会公正地评价伙伴和自己的行为举止，逐步完善对周围环境的态度，建立友谊、公正、负责的认知观念。

2. 促进学生创新精神和能力的萌发

游戏是一种自主、自由、能动、充满想象的主题性活动，游戏的这些特性正是创新意识、潜能得以发展的土壤。在游戏中，特别是假想游戏之中，学生的想象可以上天入地、无所不有，自由驰骋于假象和现实之间。在这一游戏氛围中，学生容易在客观与主观之间形成一些独特的联想，一旦日后遇上与之关联的可操作性的现实，就会有所创新。诸多体育项目，如篮球、跨栏、武术等都来源于生活中的游戏，而体育教学可以恢复其本来面目。

归纳和概括以上内容，体育游戏是按一定规则进行的一种有组织的，以身体练习为基本手段，以促进人身心的全面发展为目的的，将体力活动和智力活动相结合，富有浓厚娱乐气息和鲜明教育意义的自主活动。体育游戏的特征和功能体现了其在体育教学中的价值，符合"快乐体育教学模式"的要求，这为从体育游戏的角度去研究"快乐体育教学模式"提供了可能，也为重建"快乐体育教学模式"提供了一个新的思路。

三、快乐体育教学模式的构建

（一）体育游戏的趣味性

孔子曰："知之者不如好之者，好之者不如乐之者。"教学实践也告诉我们，教师在课堂教学中，特别是设计游戏内容时要有意识地实施愉快教学，使学生置身于愉快的氛围中，这样才更容易激发学生的学习动机，培养学习兴趣。体育游戏拥有游戏理论的基本属性——趣味性，在体育教学的过程中正确运用游戏方法，可以将传统的、单一枯燥的教学方式转向快乐体育教学方式，增加教学的趣味性，提高学生的学习积极性。

1. 激发兴趣，营造轻松快乐的教学环境

例如在"排头抓排尾"的游戏中，学生排成单行用双手抱住前面一人的腰部，教师发令后，排头要努力去捉排尾的人，而后半部的人要努力帮助排尾摆脱排头的捕捉。该游戏规则为队伍不能被拉断。排头触到排尾时，即更换排头和排尾的人员，重新开始游戏。

在进行该游戏之前，体育教师借用热身时间提问该游戏的相关内容，包括这个游戏的具体玩法和规则，以及该游戏和"老鹰捉小鸡"游戏的相似点和不同点，从学生的内心深处激发他们的兴趣。而体育教师参与到整个游戏过程，在做裁判的同时，也对营造轻松快乐的教学氛围起到了关键作用。

2. "因材游戏"，满足不同层次学生的需求

游戏一：同一年级，相同人数，男生30米、女生25米来回接力跑比赛，哪方先完成任务，哪方就胜利。

游戏二：在初中低年级，安排"跳山羊"游戏，用人代替山羊。到了中高年级，安排绕障碍跑、绕障碍跳绳等游戏，分男女组进行，男生组设置 10 ~ 15 个障碍，女生组设置 8 ~ 12 个障碍。

从以上两个游戏可以看出，体育教师在安排游戏内容和规则时充分考虑到了学生的年龄特征和性别，以"玩游戏"作为教学手段，以"玩"助学，以"玩"促练，使学生在玩的过程中满足锻炼的需求。

3. 在激烈竞争的游戏环境中展现自己

在激烈竞争型游戏中，游戏组织的合理化，竞赛规则、竞赛目的和内容的多样化，可以很好地调动学生的积极性，满足学生的好胜心理，同时满足他们的表现欲望。这种追求参与运动的乐趣，体验快乐的过程，确实解决了学生自身的需求，也提高了游戏的趣味性。

（二）快乐体育教学模式构建的理论依据

1. 体育游戏理论与快乐体育教学模式的共性

从定义和特征上就能发现两者的共性，因为概念里包含了相似的功能和特点。体育游戏的定义中，首先强调了娱乐活动的自主性，这和快乐体育教学模式中"以人为本"的教学指导思想不谋而合；其次，两者都注重身心的健康发展；最后，两者都提倡发展创造性思维。这几点共性，为从游戏理论的角度研究快乐体育教学模式奠定了基础。

2. 基于体育游戏理论的快乐体育教学模式存在的问题

体育游戏以其自身的优势，指出了快乐体育教学模式现阶段存在的弊端、误区及原因所在，主要表现在以下几个方面。

体育游戏的学习动机是建立在需要和兴趣的基础上的，对有兴趣、娱乐性的教学内容，参与者会主动去追寻和掌握，这能体现"寓教于乐"的含义，而现阶段人们对快乐体育教学定义中的"快乐"没有真正理解。当前的"快乐体育课"应该在这个基础上形成并发展起来。因为"快乐体育"明确地反对传统体育那种压抑学生兴趣，忽视学生心理特点而只重视知识技能传授与强制体力发展的被动的教学活动及其指导思想。它强调学生参与的积极性和活动的主体作用，在指导思想上进步了很多。

快乐体育教学模式存在的教学形式和教学内容不统一，是因为缺乏合作学习的教学组织形式，缺乏各小组成员之间的交流，以及缺乏利用系统教学动态因素来促进各方共同完成学习目标的活动。因为在整个教学过程中，只有学生是主体参与者，才有助于明确其适用对象。

当前快乐体育教学模式的设计者仅仅追求"思维的创造"，给教学的实操带来弊端是因为缺乏教学的技巧。体育游戏以其特殊的教学方法，弥补了这一点，即把教学方法隐藏于游戏之中，使学生在"玩"的过程中不仅培养了技能，也增强了身体素质。

总之，体育游戏里运用的一些方法和手段对体育教学的应用研究有很大的价值，这些方法和手段为从游戏理论的角度去研究快乐体育教学模式提供了切入点。

（三）传统体育与快乐体育的区别

1. 学生主体地位的重视

传统的体育教学论过分强调教师的主体地位、主导作用，认为学生只是一个需要教育的客体，只能被动地接受体育教师的教育培养，这样就导致了学生主体地位的丧失和自觉性、积极性的泯灭。快乐体育理论认为，重视学生的主体地位，激发和维持学生学习的兴趣与动机是提高教学效果的有效方法。

2. 师生关系的和谐

体育教学是双向多边、复杂的活动。和谐的师生关系是教师顺利施教的重要条件，是调动教与学双方积极性的一种内驱力。和谐的师生关系不会使学生产生恐惧、焦虑等心理上的障碍，学生会乐于接受教师的教学方式。传统的体育理论认为师生之间是命令与服从、上级与下级、教与学的关系，教师神情严肃，不容置疑，学生唯唯诺诺，言听计从。快乐体育强调体育教学中师生之间、学生之间都存在着双向信息交流，建立和谐的师生、生生关系。

总之，快乐体育教学的本质就是提高学生体育学习的兴趣，学生自发、自主地进行学习活动是快乐体育教学的重要体现。满足学生的运动诉求就会让其产生对运动的乐趣，这种诉求越明确，其满足后获得的喜悦也就越大。因此，体育课不能是带有教师强制性的，而必须是能使学生自发、自主地享受运动乐趣的。当然，丰富多样、生动活泼的教学方法，新颖有趣、逻辑性强的教学内容，可以不断地引起学生新的探究活动，从而激发学生更高水平的运动欲。

（四）基于体育游戏的快乐体育教学模式的构建

快乐是一种愉快的情感体验，而乐趣有使人产生愉快情感体验的特性。所以"快乐体育"教学强调运动与生活关联，体现主动、快乐和个性发展的效果。乐趣由"心"生，而游戏倡导一种使人能感受到以"心"为主导，身心完美结合的思想。

1. 贯彻"安全""健康"和"娱乐"三者统一的教学指导思想

"安全"问题是体育教学中优先考虑的，由于这个问题会带来严重的后果，这就限制了体育活动的开展，而这里寻求的是在确保安全的活动环境中，学生德、智和体等方面全面发展，即"健康"成长；"健康"是体育教学的追求，而"娱乐"是配合"健康"的，在这里把两者并列，是因为"娱乐"是"健康"不可或缺的途径。

所以只有统一三者，才能准确定位快乐体育教学的指导思想。三者合为一体就是一个良好的教学指导思想，快乐体育本身的原则就是更"安全"、更"健康"、更"娱乐"地来完成课程，三者的关系是相互联系、不可分割的。"安全"是课程完成的基础，是学生的基本保障，其中包含了很多基本的要求。"健康"体育课的根本就是通过锻炼方式提高学生的身体素质，从而达到健康的目的。"娱乐"就是在前两者的基础上通过娱乐身心的方式，达到活跃身心的目的，这也是快乐体育所带来的一种教学效果，有助于提高教学质量，完成教学任务。

2. 建立增强学生体质，促进学生人格完善的教学目标

众所周知，科学合理的体育活动能使人身体更加健康。随着研究的深入，人们发现学生在积极参与运动的过程中，思维变得更加活跃和敏锐，创新能力大大提高；同时受活动环境的熏陶，学生个性化的形成得到加速，而学生认知能力的培养和个性化的形成能促进人格的完善。社会的发展对于人才的需要越来越高，人本身的基本素质也需要提高，在基础课程里，体育课是培养学生身体素质、健康能力的重要方面。快乐体育的融入把学生的思想精力带动起来，使其融入课堂，从而使得学生的身心得到锻炼，思维方式得到提高，从而达到体育课的教学目标。

3. 建立"因人而异"的教材体系和"因材施教"的教学方法

教学方式及教学方法是教学课程的基本体系，好的教学方法能更好地完成教学，有针对性地采用好的教学方法能够更好地提高教学质量。受很多因素的影响，学生素质表现出明显的个体差异，因此教师要根据实际情况因材施教。具体来说，在选择教学内容和方法以及制定练习的难度与要求时，要表现出选择和制定上的灵活性，尽量满足每个个体的实际需求。

4. 建立以游戏理论为辅、不断创新并有助于培养学生身心发展的教学内容

如今的体育课程多以传授基本技术、基本学习方法为主，并没有使学生更好地理解和掌握技术。在教学过程中，运用多种游戏方法进行教学，提高学生的积极性，培养学生身心的发展尤为重要。想让学生在娱乐的过程中学到知识，需要利用游戏的趣味性配合适当的教学方法来实现。对于游戏的运用不能局限于游戏本身，要融入人文内容，以此体现出新型体育教学模式的新颖之处：要重视娱乐教学，但是不能把体育课变成完全的游戏课，要用游戏的方法和理论去辅助教学，从而达到良好的教学效果。

5. 建立以教师为主导，教师与学生共同为主体的教学群体

学生虽然是学习的主体，但其所需要的体育知识、技能，需要由教师来传授；学生在学习中的自学积极性，需要由教师来激发和培养；学生进行自主学习、合作学习和探究学习的过程离不开教师的指导。然而，教师在主导的过程中，也要让自己

成为主体，与学生一起感受和体验，共同互动，让体育教学过程中的所有成员成为能够随时随地反馈信息的整体系统。

6.建立以重视情感投入为主并培养学生自主学习和合作学习的教学模式

体育教学的过程是体育知识、技能的传递过程，且伴随着师生之间的情绪、情感交流，伴随着态度和行为方式的相互作用与影响。体现在教师根据学生的自身需求激发其兴趣并转换成学习动机，而学习动机能帮助学生克服许多传统教学模式中的弊端，培养其学习的自主性，改善师生关系和生生关系，使学生在活动过程中互相学习，共同提高，为学生提供愉快的学习经历，有利于营造和谐合作的学习气氛。

第二节　合作学习体育教学模式

一、合作学习教学模式概述

（一）合作学习教学模式的理论依据

合作学习是一种以学生为中心进行知识构建的教育理论，适用于不同类型、不同层次的教育。它作为一种系统的教学模式，是在一定的教学理论和知识的指导下构建的特定教学模式，有着很深的理论基础。合作学习教学模式可以从哲学、心理学、教育学、体育学等多学科得到理论支持。

1.合作学习教学模式的哲学理论基础

（1）马列主义认识论基础

列宁在《哲学笔记》中指出，从生动的直观到抽象的思维，并从抽象的思维到实践，就是认识真理、认识客观实在的辩证的途径。

辩证唯物主义认识论告诉我们，学习过程是一种认识活动。认识的一般规律是由感性到理性，由具体到抽象，最后再回到实践，实践才是认识的终点。教学既是认识过程，也是实践过程。体育教学实践活动也毫不例外，同样是一个由实践到认识的无限循环直至接近真理的过程。

（2）马克思主义关于人的本质的论断

马克思和恩格斯在分析人类生产活动或实践活动时指出，生命的生产，无论是通过劳动而达到的自己生命的生产，或是通过生育而达到的他人生命的生产，都表现为双重关系：一方面是自然关系，另一方面是社会关系，社会关系的含义是指许多个人的合作……人的本质并不是单个人所固有的抽象事物，在现实中它是一切社会关系的总和。马克思主义哲学认为人是自然性和社会性的统一体，人不可能脱离社会和人群而独立存在。人的本质在于人的社会性，这是人区别于动物的本质属性。

社会交往是人类社会得以生存的基本方式。在交往中，人与人之间的相互认同、相互理解得到实现，思想、观念、情感共同性得到认同，个体的能力在集体中得到体现。学生的合作交往有利于学生整体身心素质的发展，这是合作学习提出的基本哲学依据。

2.合作学习教学模式的心理学理论基础

（1）选择理论

选择理论原称控制理论。选择理论的创始人哥拉斯指出，控制论是建立在这样的事实基础上的，即我们是被内在动力所推动的，是被我们的各种需要所驱使的，控制论是一种"需要满足理论"。

选择理论认为，人都被潜伏于基因中的四种心理需要所驱使，它们是归属的需要、力量的需要、自由的需要和快乐的需要。部分或全部的需要被满足都会使人感到愉快。

教育应该包括学会和别人一起学习、工作、生活，学会尊重他人和理解他人，这种民主程序必不可少。可以说"只有愿意学才能学得好"是选择理论最为简洁的表述。

（2）动机理论

动机理论主要研究的是学生活动的奖励或目标结构。道奇界定了三种目标结构：合作性结构、竞争性结构和个体性结构。在合作性结构中，要求每个个体指向目标的努力都要为其他个体的目标实现做贡献，这有利于他人的目标达成。合作性目标结构与竞争性结构相反，其创设了一种只有通过小组成功，小组成员才能达到个人目标的情境。为实现个人目标，合作的小组成员必须尽力互相帮助，特别是鼓励他们为同伴做出最大的努力。在评价小组合作表现的基础上对小组进行奖励，能够产生组中成员相互之间对任务相关行为给予社会强化（如表扬与奖励）的人际奖励结构。这是合作学习教学效果优于个体化和竞争学习目标结构的原因所在。

约翰逊等人认为，学习动机是借助于人际交往过程而产生的，其本质是一种人际相互作用建立起的积极的彼此依赖关系。激发动机的最有效手段就是在课堂教学中建立一种"利益共同体"的关系。这种共同体可通过共同的学习目标、学习任务分工、学习资源共享、角色扮演与分配、团体奖励和认可来建立。小组成员之间形成"休戚相关""荣辱与共""人人为我，我为人人"的关系是动机激发的一个重要标志。从以上分析不难看出，动机理论对于合作学习的重要性，它是合作学习教学模式的核心理论之一。

（3）认知理论

发展理论：著名儿童心理学家维果斯基提出了"最近发展区"的概念，他将最近发展区界定为由独立解决问题所决定的实际发展水平,与通过成人的指导或与能力更强的同伴合作解决问题所确定的潜在发展水平之间的距离。

此概念强调教学不能仅仅依据儿童过去已完成的发展情况,而应依据现在仍处于的状态,即正在成熟和发展的过程。简而言之,就是教学要在发展的前面引导发展。

认知精制理论:认知心理学的研究发现,要使信息保持在记忆中并与记忆中已有的信息联系,学习者必须对材料进行某种形式的认知重组或精制加工,以此来达到提高记忆效果的目的。

精制认知的有效方式之一是向他人再次呈现、解释材料。合作学习教学为学生之间互教互学提供了大量的机会,使他们在交互作用中对学习材料进行了一次精加工,同时他们还能从他人身上学习到处理材料的方法。

3. 合作学习教学模式的教育学理论基础

(1) 建构主义学习理论

建构主义也称为结构主义。建构主义学习理论认为,学习过程不是学习者被动地接受知识的过程,而是积极地建构知识的过程;学习不单是知识由外向内的转移和传递,更是学习者主动地建构自己的知识经验的过程。也就是说,学习的结果不是学生接受了知识,而是学生个体知识经验得到了改组。学生在教学情境中并不是被动地接受或服从,而是在已有经验的基础上,对来自外部的教学影响的主动建构。知识不仅仅是个体在与物理环境的相互作用中建构起来的,社会性的相互作用同样重要,甚至更加重要。学习环境需要合作与交互的氛围。基于这种对学习的理解,建构主义学习理论非常强调主体与周围环境的交互作用,认为这种交互作用对于学习内容的理解,即对知识意义的建构起着关键性的作用。学生在教师的组织和引导下在小组内一起讨论和交流,共同建立起学习群体并成为其中的一员,在这样的群体中共同取长补短,共同分析和评论,共同提高和进步。通过这样的小组合作学习建立真实的学习情境,学生作为小组成员参与团体性的实践,在与学习团体的广泛交往中,建立起知识和技能,建立起个体对自我的广泛的社会认同。

(2) 人本主义教学思想

人本主义教育理论认为,教学活动应以学生为中心,教师的主要任务是帮助学生理解经常变化的环境和自己,帮助他们最大限度地挖掘自己的潜能。其代表人物罗杰斯认为,学习和自我的关系十分密切,人的主动性是通过内部控制得以实现的。合作学习正是要创造这种有利于发挥学生潜能的学习情境,从而使学生自主性学习能力得到充分发展。

(3) 课堂教学理论

任何教学活动都是由教师的教和学生的学所组成的双边活动,教师在教学中处于"主导"地位，学生则处于"主体"地位。只有全面调动学生的学习积极性，才能充分发挥教师的主导作用，提高教学的质量。

4. 合作学习教学模式的体育学理论基础

学生掌握任何技术动作都需要经历一个由不会到会，由不熟练到熟练，由不巩固到巩固的发展过程。这一过程有自己的发展规律，可分为"泛化""分化""巩固""自动化"四个阶段，但每个阶段并不能严格区分开来，而是相互联系和相互交错，共同构成一个统一完整的过程，是波浪式前进，螺旋式上升的。不同阶段的技能学习各有特点，在动作技能教学中，只有根据动作技能形成的不同阶段而采用不同的教学模式与训练方法，才能收到事半功倍的效果。

（二）合作学习教学模式的优势

1. 先进的目标观

合作学习主要的教学目标是使学生的运动技能得到提高的同时，培养学生的合作精神、意识、技巧及社会适应能力，注重学生情感、思维和各方面能力的培养，使学生的知、情、意、行得到全面发展。正如合作学习的研究者们所讲的那样，在教学目标上，注重突出教学的情意功能，追求教学在认知、情感和技能目标上的均衡。

2. 丰富的形式观

合作学习采用了班级授课（课堂教学）与小组活动相结合的教学组织方式，兼顾了学生个体性与集体性的双重特征，把个性化与人际互动有机地结合在一起，强调以集体授课为基础，以合作学习小组活动为主体的形式，力求体现集体性与个体性的统一。合作学习中的课堂讲授是以合作设计为基础的，讲授过程也力求简要清晰，时短量大，高效低耗，有着较强的研究性、探索性，同时为小组活动留有足够的空间。

3. 特有的情景观

合作学习者认为，组织学生学习的情境主要有竞争性情境、个体性情境、合作性情境三种。在合作性情境中，学生在既有利于自己又有利于他人的前提下进行学习。在这种"双赢"的情境中，学生会意识到个人目标与小组目标之间是相互依赖的关系，只有在小组其他成员都成功的前提下，自己才能获得成功，小组成员之间是"荣辱与共"的关系。在一个理想的课堂里，所有的学生都应学会如何与他人合作，为趣味和快乐而竞争，自主地进行独立学习。合作学习并不排斥竞争与单干，在合适的时机，竞争和个体活动能够增益于合作学习。也就是说，合作学习在突出合作的主导地位的同时，并没有否认竞争与个人活动的价值，而是将之纳入了教学过程之中，使它们兼容互补，相得益彰。合作学习将合作、竞争和个人行为融为一体，并进行优化组合加以利用，符合教学规律和时代的需求。

4. 合理的评价观

传统的教学评价强调的是常模参照评价，关注个体在整体中的位置，热衷于分数排队，比较强弱胜负，是一种定量评价，仅仅注重结果。合作学习将常模参照改为标准参照评价，把个人之间的竞争变为小组之间的竞争，把个人计分改为小组计分，把小组总体成绩作为奖励或认可的依据，形成了"组内成员合作，组间成员竞争"的新格局，使得整个评价的重心由鼓励个人竞争达标转向共同合作达标，做到定量与定性评价相结合，既重结果又重过程。

5. 融洽的气氛观

融洽的学习气氛能增进学生之间的感情交流，改善他们的人际关系。在合作学习所营造的特殊的合作、互助氛围中，组内或组间形成双向或多向交流的局面，学生在朝夕相处的共同学习与交往中，能增进彼此间的感情交流，培养彼此间的合作精神与意识。

传统小组学习，是指在某一学科或某一学科组的教学中，教师根据教学工作的需要，按一定的标准（如年龄、学习兴趣、学习能力或学科等）简单地把学生编入一定的学习小组中，然后分给每个学生以一定的学习任务，让学生在一起学习。这种教学形式我们称为传统小组学习。传统小组学习实际上是一种分组教学，其目的在于以最佳方式为学生提供各种学习与锻炼的机会，优化教学效果。

根据合作学习的五要素理论（积极的相互依赖、面对面的促进性相互作用、个体责任、人际交往技能、小组加工）可知传统的小组学习与合作学习有着本质上的区别。把几个学生集中起来，安排在一个教室里让他们学习同一内容，是小组学习，但它并不一定是真正意义上的合作学习。让一些人在一起学习，这样的小组也并不一定就是合作学习小组。只有当合作学习的五个要素在小组学习的过程中完全得到贯彻和落实时，有效的合作学习活动才能发生，它的教学效果才能得到充分体现。可见，合作学习区别于传统小组学习的一个最明显特征就是对决定合作性学习效果的五要素的认真贯彻。

从小组组成及活动来看，传统小组（如兴趣小组）往往是同质小组，而合作学习小组则主要是异质小组。异质小组通常是由性别、学业成绩、能力倾向、民族等不同方面的成员构成的，成员之间存在一定的互补性。同时，全班各合作学习小组之间又具有同质性。组内异质为互助合作奠定了基础，而组间同质又为保证全班各小组间展开公平竞争创造了有利条件。

从教师在学习过程中所承担的任务和角色来看，在传统小组学习中，教师作为知识的"权威"而存在，教学的任务和重点是在"教"的过程上，很少对学习的"学"的活动进行观察与干预。而在合作学习中，教师不仅要管"教"，同时还管"导"，既要进行讲授，引发学生的学习兴趣和学习动机，促使每个学生都最大程度地获得发展，又要善于跟学生进行交流，协调各小组的活动，对学生和小组进行认可或奖励。教学的重点转移到学生的"学"这一面，教师指导并介入小组活动使得教师的角色发生重大变化。教师成了"管理者""咨询人"和"活动的参与者"，而不再以"知识权威""知识裁判""知识信使"自居。

从学习的时间分配来看，在传统小组学习中，学习的全部时间都用在学习具体材料和内容上，教师和学生没有安排必要的时间来对学习结果的绩效高低和学习方法的好坏进行评议。而在合作学习活动中，教师为学生安排了必要的活动和时间用于学生开展小组评议，通过评议，分析小组是否发挥了良好的作用，各个成员是否运用了协作技能来促进学习及维持组内良好的合作关系。

从以上内容可知，合作学习与传统的小组学习有着非常明显的差异。我国学者盛群力归纳出合作学习的十大特征：①组内异质，组间同质；②目标依赖，利益一致；③责任明确，义务感强；④参与度大，沟通面广；⑤集体奖励，共享成功；⑥公平竞争，合理比较；⑦角色轮换，分享领导；⑧既有"帮助"，又有"协同"；⑨过程评议，注重实效；⑩学生自主，老师促进。

这两种学习模式也有很多共同的地方，第一，学习活动都是以小组的形式来开展的，它们都按一定的标准把学生编成学习小组来组织学生进行学习活动，其目的都在于以最佳的方式为学生提供各种学习机会，使教学效果达到最优；第二，它们都强调发挥学生在教学活动中的主体性作用，都具有自主学习、探究学习的特征；第三，这两种学习都采用集体教学与个别教学相结合的方式，在一定程度上是对班级授课制的变革与创新。

二、合作学习教学模式在高校体育中的应用

（一）构建以大学生为主体的学习共同体

所谓学习共同体是为完成真实任务或问题，学习者与其他人相互依赖、探究、交流和协作的一种学习方式。在高校体育教学中构建学习共同体，就是要突出大学生的学习主体性，促进大学生主体、大学教师主体等各类主体之间相互依赖，通过交流与协作完成教学目标，实现大学生的发展。

1.高校体育教学中学生的主体地位

要改变高校体育教学中的问题，必须突出大学生在体育锻炼中的主体地位，提升大学生的学习主体性，增强大学生参与体育活动的主体意识和创新能力，使其能主动地、创造性地获取运动经验，并促进生理反应、身体素质和心理倾向性的较持久的变化。

当代大学生中有一部分人参与体育锻炼的主体意识非常淡薄。要增强大学生体育运动的主体性，首先就要激发他们主体意识的形成，使他们形成参与体育活动的

内驱力，在相应的活动中表现出一种稳定的心理倾向。让体育活动、体育锻炼成为他们生命的存在形式，成为他们稳定的内在需求。当所有的大学生都自觉自愿地组织并参与多彩的体育活动时，当体育锻炼成为大学生文化的必要组成时，高校体育教学的使命才能真正达成。

2. 高校体育教学中教师的主导地位

在高校体育教学中发挥学生的主体地位，并不意味着教师地位的降低，而是将教师的主体性转变为主导性，建立一种以教师为"主导"，学生为"主体"的教学模式。大学阶段是大学生人生中的重要阶段，大学教师对于引导大学生一生的发展有着不可忽视的作用。如果没有体育教师的参与和引导，大学生的体育活动就没有明确的方向，大学生对体育基础知识和基本技能的掌握就不能得到保证，大学生的知识世界与生活世界就不能打通，大学生的合作能力和创新能力等多种能力的健康发展也无法得到保证。由于年龄特点，大学生的各项学习和活动的开展仍需要得到大学教师的监督，比如学习主动性和积极性的激发。然而，大学教师的主导地位绝不意味着教师在教学过程中是"给予者""决定者"等角色，而应当是"激发者""促进者""协调者""辅导者"等角色。

3. 促进高校体育教学中主体间的交往与合作

将高校体育教学置于主体间的范畴下探讨具有时代意义。主体间教育指在教育、教学活动中，和谐共处的教育主体共同作用于教育客体而构建的主体间的关系属性。在高校体育教学中建构主体间的关系，主要指的是学生与教师主体间、学生与学生主体间的交往与合作。一方面，体育活动的顺利进行并非取决于运动项目本身的特点，而是取决于活动主体之间的关系。在体育课堂上、在课外体育活动中，只有教师与学生都主动地进行良好的交流与合作，才能达成共识、增进理解、促进融合。另一方面，体育活动中师生之间的交往建立在传递基础知识和基本技能的基础上，但同时教师还应帮助主体间建立情感、信念、意志、道德等方面的共识。

4. 高校体育教学由课堂内向课堂外的延伸

高校体育教学不仅包括体育课堂内的活动，还包括大学生在大学校园生活中自觉、自发、自愿地组织和参与的各类体育活动。这实际上是终身体育理念的一个组成部分，即促使大学生的学习由课堂内的知识世界转向课堂外的生活世界。要通过这种延伸实现两种目标：心理健康目标和社会适应目标。心理健康目标包括大学生能根据自己的能力设置体育学习目标；自觉通过体育活动改善心理状态、克服心理障碍，养成积极乐观的生活态度；运用适宜的方法调节自己的情绪；在运动中体验运动的乐趣和成功的感觉。社会适应目标包括表现出良好的体育道德和合作精神；正确处理竞争与合作的关系。

（二）基于活动的合作学习方式

合作活动学习就是以合作为学习生命的存在形式、以活动为学习生命的优化形式的多样合作与多样活动融合创新的教学实施方式。在高校体育教学中实施合作活动学习，就是要建立一个完整的教学过程，形成一种新的教学实施形式，包括学习目标具体化、学习内容结构化、学习过程协作化、学习环境生态化和学习结果反馈化五个方面。其操作体系以学生交往的内外活动为主。

1. 学习目标具体化——设定合作基调

学习目标具体化，是指在学习活动开始前就应预设并明确活动结束时可能产生的结果或行为。而在体育教学的合作活动学习中，体育教师和大学生这两类主体应该在活动开始前，就设计明确的知识目标、技能目标、情感目标等教学目标，且要明确设定体育活动的合作基调。体育教学的过程和结果与普通文化课教学的过程和结果有很大区别，体现在教学环节的连续性、课堂活动的主体参与性以及教学效果的实时反馈化。

高校体育教学要实现两种任务，即促进大学生的身体发展和促进其心理发展的双重任务。在此基础上，编制高校体育教学中的五领域学习目标。

（1）运动参与目标

积极参与各种体育活动并基本形成自觉锻炼的习惯，基本形成终身体育的意识，能够编制可行的个人锻炼计划，具有一定的体育文化欣赏能力。无论是课堂内的体育活动，还是课堂外以学生为主体组织的各类体育活动，除了要实现上述基本目标之外，还应使学有余力的学生和有某些运动特长的学生在锻炼习惯、健身运动计划、体育文化素养和观赏水平等方面得到进一步的提升。

在运动参与目标的指导下，课堂内外的各项活动均应围绕培养和激发大学生的参与意识和主体意识来展开，而且这类活动要以主动参与合作型的集体活动为基调。因此，应突出参与合作活动的目标并加以详细说明，形成体育教学活动化、合作化的模式。

（2）运动技能目标

熟练掌握两项以上健身运动的基本方法和技能；能科学地进行体育锻炼，提高自己的运动能力；掌握常见运动创伤的处置方法。在此基础上，同样要使学有余力的学生和有某些运动特长的学生积极提高其运动技术水平，发展运动技能，参加有挑战性的体育活动，如野外拓展活动、运动竞赛等。

要使大学生明确运动技能的形成并不能只靠自己来完成，而是要通过与其他主体的交流、互动与密切合作才能实现。运动的魅力来自其主体之间、主体与客体之间的交往。因此，高校体育教学的运动技能目标中应突出通过合作发展运动技能的特点。

（3）身体健康目标

能测试和评价体质健康状况，掌握有效提高身体素质、全面发展体能的知识与方法；能合理选择人体需要的健康营养食品；养成良好的行为习惯，形成健康的生活方式；具有健康的体魄。

（4）心理健康目标

根据自己的能力设置体育学习目标；自觉通过体育活动改善心理状态、克服心理障碍，养成积极乐观的生活态度；运用适宜的方法调节自己的情绪；在运动中体验运动的乐趣和成功的感觉。

体育活动、体育锻炼除了对人身体素质有提高和发展之外，最重要的贡献在于其对人的心理因素的影响。高校体育教师有责任引导大学生提高对运动的热爱，使大学生形成对生活的积极乐观的态度，提升大学生不畏艰难险阻的顽强意志品质，通过运动来释放和调节自身的各种压力，通过彼此之间的交流与合作提升大学生对社会群体生活的适应，让其体验到运动的魅力并养成自觉自愿地锻炼的习惯，使之成为其生命的组成部分和存在形式。

（5）社会适应目标

能表现出良好的体育道德和合作精神；正确处理竞争与合作的关系。

大学生在结束学习生涯之后所面对的社会生活充满了激烈的竞争，而只有良好的主体间合作才能使结果最优化，利益最大化。因此，通过体育活动，让大学生明白竞争是活动的重要形式，它可以激发各主体的主动性，调动各自的积极性和强烈的求胜欲望，有利于最大限度地激发主体的潜能，提高学习与工作的效率，促使主体在竞争与比较中客观地进行自我评价，发现自己的局限性并加以改进和提升。而合作是活动的基本形态，只有各主体间发生良性的合作，才能使得活动整体呈现出良好的态势，促使团队集体价值的实现。

总之，教学目标决定着教学内容的选择和各个内容模块的分量，决定着教学评价的方式。

2. 学习内容结构化——以任务为导向

以任务为导向，即在体育教学中建立以解决问题、完成任务为目标的教学模式，使学生在解决任务的过程中获得学习经验。问题解决模式是多种具体教学方式的集合体，包含着"以问题为定向、以探究为过程、以解决为目的"的共同特征。

以任务为导向的学习包括让学生走出课堂、走出教学场域、走向校园、走向社会、回归生活世界。通过同伴活动、社区活动等其他社会活动，主动建构认知结构，完善大学生的心理适应能力，提高心理健康水平，塑造整体人格。

未来，高校体育教学的重要转变就在于改变大学生的学习内容和学习方式，真正使大学生的体育锻炼以活动为主要形式、以任务或问题解决为主要内容。结构化指的是课堂内和课堂外均要形成大学生解决问题的活动方式和内容。

3. 学习过程协作化——掌握合作技能

高校体育教学应使整个学习过程在基于活动的合作中进行，建立高校体育学习共同体。教师是体育活动的"观察者""激发者""促进者""协调者""辅导者"，而学生是学习的主人，可以决定学习的内容、学习的方式、学习的环境等，师生之间是民主、平等和合作的关系。通过师生之间、同学之间建立良好的合作，可提高大学生的运动参与度，增强运动技能、身体素质、心理健康和社会适应性。

4. 学习环境生态化——走向生活世界

合作活动学习要为高校体育学习共同体创设一个生态化的体育学习环境，为大学生提供足够的"学习化"的课程资源。在高校体育活动中，大学生面临着两种基本的关系：与自身的内在关系和与社会的外在关系。与自身的内在关系是指大学生应对内建构独特的自我经验，与社会的外在关系是指大学生在合作活动中建构社会经验。因此合作活动学习的生态化环境就有两种相互关联的基本形式：内生的自我环境和外在的文化环境。自我环境包括神经生理基础和心理人格结构与特质，外在的文化环境包括作为"个"与"类"的人以及作为"文化"的物。

在打通知识世界和生活世界的过程中，大学生实现心理健康目标的路径有：能根据自己的能力设置体育学习目标；自觉自愿地通过体育活动改善心理状态、克服心理障碍，养成积极乐观的生活态度；运用适宜的方法调节自己的情绪；在运动中体验运动的乐趣和成功的感觉。实现社会适应目标包括表现出良好的体育道德和合作精神，正确处理竞争与合作的关系。

5. 学习结果反馈化——提高活动质量

在合作活动学习中，教师担负着"观察者"的职责，在学生的合作活动中仔细观察、适时介入、整体监控，以帮助学生实现顺畅的交流与合作。体育教师应随时发现大学生在活动中的困难和问题，并指导他们找到相关信息，减轻或消除活动中的消极因素，展示要完成的任务范例，示范怎样实现小组目标。

第四章　体育运动训练的过程监控和管理

第一节　体育运动训练过程监控理论

一、运动训练过程监控的内涵

（一）运动训练过程概念的界定

为了增强运动训练过程概念的可操作性，学者们一般都从狭义和广义两个层面对运动训练过程的概念进行界定。狭义的运动训练过程是指运动员在教练员的指导下进行运动训练的一个持续的过程，或这种过程的积累；广义的运动训练过程指运动员从事运动训练期间，参加的训练活动以及训练活动以外的持续时间，这一持续时间可以是一天、一周，也可以是一个月或一年。本书所说的运动训练过程为广义的运动训练过程。

（二）运动训练过程监控的内涵

运动训练过程监控是监控的一个下位概念，同它的上位概念监控一样，可以应用的范围较广，但目前学界对其概念的界定及其内涵的外延研究得较少。在我国的训练学理论界，很少有学者对运动训练过程监控的概念进行系统性研究，其中值得一提的是研究员洪平博士，他对训练过程监控这一问题进行了较为深入的研究，并对运动训练过程监控的概念进行了阐释。在他看来，"训练监控"其实是教练员对运动员予以训练控制的一种方法，是教练员为了保证训练实施效果与预定目标的一致性而运用监控手段测量运动员的训练效果与目标的偏离情况，并对其进行及时调整，使运动训练恢复到预定的轨道上来。一方面，教练员制订训练计划，实施运动训练对运动员施加训练刺激，并在训练的过程中通过对运动员训练效果的各项因素的监测来测量运动员机体对运动训练刺激的反应情况，以便为下一步训练提供参考和借鉴；另一方面，通过训练监控可以测量运动员对运动训练的反应，辅助教练员通过对运动员训练的反应与训练计划中的标准评价的对比分析，得出运动员运动训练的质量，为控制运动员训练的质量提供依据。

洪平博士对运动训练监控的概念分析为我们探讨运动训练过程监控的内涵奠定了良好的基础，但他的分析依然存在几个问题有待商榷，如他对运动训练过程监控中的"监"进行了解释,但却忽视了"控"的内涵探讨。笔者认为,运动训练过程监控是"监"和"控"的统一,也就是将以科研人员为主组织实施的运动训练结果的监测、评定,与以教练员为主实施的运动训练过程的调控相统一的过程。在这个过程中,科学的"监"是有效的"控"的前提和基础。在整个训练过程监控中,科研人员和教练员需要共同参与。

另外,洪平博士对运动训练监控的概念分析实际上阐述的是对训练结果的监控,忽视了对整个训练过程的监控。从运动训练的整个过程我们可以看出,虽然每个阶段对运动员训练结果的监控是十分必要且重要的,但若从发现问题、分析问题、解决问题的角度来看,仅仅对训练结果予以监控显然是不够的,它只能帮助教练员了解训练活动对运动员机体的刺激情况。我们只有加强对运动员整个训练过程的监控,监控好运动员每次训练课承担负荷的种类、负荷量、强度及每种负荷强度的比例等细节,才能在每一个环节上都做好对运动员训练情况的把握,也才能切实发挥运动训练过程监控的应有作用。

综上所述,笔者认为,运动训练过程监控就是为了确保运动员训练过程的科学性,以科研人员为主对运动员的训练过程予以检测和评定,并结合训练实施的情况对训练过程实施调控的统一体。这一概念包含了以下几方面的要点。

首先,考虑到运动训练过程是一个不断变化的动态过程,因此运动训练过程监控也是一个动态的过程,且这一过程会伴随着运动训练活动的持续而不断开展。

其次,运动训练过程监控的实施主体是教练员和科研人员,客体则是运动员。其中,科研人员和教练员组织控制着整个运动训练过程监控的活动过程,负责运动训练过程监控计划的制订、监控方法的选择与设计、监控过程的实施、监测结果的分析、调控信息的确定等。而运动员则是运动训练过程监控的直接对象,承担训练负荷、竞技能力状况、机体机能的变化与疲劳恢复、伤病、营养等。

再次,运动训练过程监控是"监"的活动与"控"的活动的统一,这就意味着教练员要在对运动员训练过程中的各个因素进行监测、检查的基础上,对运动训练计划提出修改意见或建议。

最后,运动训练的主要目的就是最大限度地发挥运动员的潜能,提高其竞技能力和水平,运动训练过程监控的目的与任务就是通过对训练过程的不断监测、检查、评价,对运动训练计划制订提出调控信息,确保训练的质量。

二、运动训练过程监控的类型

按照不同的分类标准,可以将运动训练过程监控分为不同的类型。

(一)按监控内容与运动成绩的关系分类

按监控内容与运动成绩的关系,可将运动训练过程监控分为决定性(或内因性)

因素监控和影响性（或外因性、保障性）因素监控。

决定性（或内因性）因素监控是对决定运动成绩与运动训练效果的因素的监控，而影响性（或外因性、保障性）因素监控是对影响运动成绩和运动训练过程实施的可控因素，主要对运动营养状况、机能恢复状况、身体健康状况等因素进行监控。其中，内部因素是训练和比赛的核心因素，要想提高运动成绩，只有改进训练方法和手段，提高竞技能力才能实现。外部因素是运动员训练和比赛正常进行的保障。

（二）按监控实施间隔的时间长短分类

按监控实施间隔的时间长短可以将运动训练过程监控分为即时监控、日常监控和阶段监控。

即时监控是对运动员一次运动训练的身体变化所做的监控，日常监控是对运动员一次或几次运动训练后所发生的身体变化情况做的监控，而阶段监控是对运动员在一定时间阶段内（如一周、一个月或几个月等）由训练效果累积而获得的相对稳定的状态所做的监控。教练员只有及时和准确了解运动员的状态，才能有效监控训练的进程，并确保训练的效果。

（三）按评价类型分类

按照评价类型的不同，可以将运动训练过程监控分为终末监控和过程监控。

终末监控也就是传统的运动训练过程监控，它主要侧重于监控运动员在训练过程后的结果，即评价的是运动员在特定时间段内竞技能力与身体机能的变化情况。通常情况下，终末监控的时间间隔较长，有的是一周，有的是一个月，有的则是一个训练周期。

过程监控是对整个训练过程的监控，是在一定的时间序列上，对运动员每次运动训练所采用的方法、手段及所训练的内容等对运动员身体机能和运动竞技水平与竞技能力产生的影响进行监控。此外，运动员每天的饮食、伤病情况也属于过程监控的范围。

假如说终末监控反映的是一段时间运动员的训练情况和训练效果的话，过程监控则展现的是这一效果产生的原因。因此，也有学者将即时监控和日常监控归入终末监控的范围，而将阶段性监控归入过程监控的范围。当然，这都是相对的，对于由四个月组成的准备期来讲，每一个月的监控相对于每次训练课来说是终末监控，而相对于四个月来说又是过程监控。

第二节　体育运动训练过程监控的组织和实施

总体上来看，运动训练过程监控的组织与实施主要落实在运动员选才、运动训练计划的制订，以及运动竞赛的组织过程中，因此本节也主要从这三方面入手分析运动训练过程监控的组织与实施。

一、运动员选才

（一）运动员选才的概念和意义

运动员选才是根据具体运动项目的特点和要求，运用科学的方法进行测试和预测，将适合该项运动的、具有一定先天优势的运动人才挑选出来，对其进行系统的、科学的培养，使其成为一个合格的、优秀的运动员，创造优异的运动成绩。

伴随着体育事业的快速发展，现代竞技体育运动水平正在迅速逼近人类自身能力的极限。

一方面，一般的、普通的青少年是不容易成长为竞技运动的优胜者的，只有挑选那些具有一定的先天和后天条件的运动员苗子，并对其进行科学、严格的训练，才能使其登上世界竞技运动的高峰。也因为如此，德国乌尔默教授提出，高水平的科学训练、优化的训练环境和运动员个人的天赋是其成为竞技运动获胜者必备的基础。在现代体育运动训练中，挑选优秀的运动员苗子已经成为运动训练最重要的一步。

另一方面，运动选才有助于充分挖掘和利用运动员的先天运动天赋。这里的先天运动天赋就是指运动员或运动员苗子所具有的稳定的、没有经过训练便已经具备的、随着运动员生长而自然产生并发展的、表现出的运动潜能和能力。在运动员选才的过程中，一般都会对备选运动员进行各方面的调查和测试，而这些调查和测试都有助于教练员发现备选对象身上的某些运动天赋，尽可能早地对其进行培养，避免贻误人才。从这一层面来说，科学的运动员选才可以及时为运动员确定未来的发展方向，并预测其训练的最佳年龄区间，提高运动员训练过程的科学合理性，保证训练目标的实现。

（二）运动员选才的方法

1.遗传选才法

遗传是指子代和亲代在特征性状上相似的现象，是生物体在世代间的延续。变异是指子代和亲代在特征性状上的差异现象。这种遗传和变异现象在生物界普遍存在，是生命活动的基本特征之一。组成人体运动能力的性状与其他性状一样，大都受到遗传因素的重要影响。因此，遗传选才是运动员常见的一种选才方法。

我国知名体育学者徐本力根据人体遗传学研究成果及其自身的研究成果初步确立了一组遗传选才方法，这里主要分析其中几种常见的遗传选才法。

（1）家族选才法

家族选才法是通过调查运动员家庭中若干代直系和旁系亲属在某项运动上的表现情况，结合这些遗传因素对运动员的现状和未来发展趋势进行测评，决定取舍的方法。

（2）遗传力选才法

遗传力选才法是以那些与专项关系密切而遗传力又较大的指标作为最后确定的专项选择指标，结合备选运动员直系或旁系亲属有关性状分析运动员在遗传家庭中的某些运动天赋来决定取舍的方法。

（3）皮纹选才法

皮纹选才法是通过对备选运动员的皮肤纹样进行研究，分析他们的竞技能力各性状之间的关系，并联系这些关系对备选对象进行辅助性测评，以挑选出优秀运动员的一种方法。

2. 形态选才法

形态选才法就是通过对备选运动员的体型外观进行测量，以及对他们未来发展趋势进行预测来挑选优秀运动员的方法。常见的形态选才法主要有体型测量法和体型预测法两种。

（1）体型测量法

体型测量法就是对备选运动员的体型进行测量，以分析其是否具有特定体育运动的身体条件的一种方法。一般包括以下几种。

第一，对身高、臂长、下肢长、坐高、手长、足长、跟腱长等的长度测量。

第二，对肩宽、手宽、足宽、髂宽、髋宽等的宽度测量。

第三，对肌纤维类型，肌肉中红白肌的比例等的充实度测量。

第四，对胸围、臂围、腿围、踝围等的围度测量。

（2）体型预测法

体型预测法就是根据备选运动员的体型现状，预测其未来的体型发展情况，并将其作为评价运动员是否具有从事某一运动的身体条件的方法。一般包括以下两种。

第一，用父母身高、少儿当年身高、少儿肢体发育长度判断发育程度等预测备选运动员成年后身高的身高预测法。

第二，通过对不同年龄段的体宽指标占成人体宽的百分比预测备选运动员成年后体宽的体宽预测法。

3. 年龄选才法

年龄选才法是通过对人体生长发育的年龄特征、少儿发育程度的鉴别以及各运动项群的适宜选才年龄，对备选运动员进行鉴别，挑选出合适的运动员苗子的一种方法。这种方法的关键在于了解个体生长发育和运动素质的年龄发展规律，并掌握鉴别少儿发育程度的方法。

4. 素质选才法

素质选才法是通过对备选运动员的身体素质进行测评，分析其是否具有成为某项运动员的素质基础，最后决定运动员取舍的一种选才方法。通常情况下，对备选运动员的素质进行测评，主要分析的是他们的生理素质，心理素质、运动素质等。

5. 心理选才法

心理选才法是运用心理学的相关理论，对备选运动员的心理素质进行分析，并将其作为运动员选才的评价标准，再决定取舍的一种方法。一般情况下，对运动员的心理进行测评，主要分析的是运动员的心理能力和个性心理特征。

（1）运动员心理能力测评

运动员的心理能力在其竞赛的过程中会产生十分重要的作用。一般情况下，心理能力较强的运动员在竞赛过程中可能会超常发挥，而心理能力较弱的运动员则很有可能输掉比赛。因此，对运动员的心理能力进行测评也是现代运动员选才的一个重要内容。一般情况下，运动员心理能力包括一般心理能力和专项心理能力，主要包括注意力的集中和持久性、运动记忆的准确与牢固性、运动感觉的敏锐与稳定性、运动思维的迅速与时效性等。进行运动员心理能力的测评可以用心理测试量表和测试工具来测评。

（2）运动员个性心理特征测评

运动员个性心理特征主要包括性格、气质、神经类型、兴趣、能力、意志品质等方面。其特征常用个性测试量表及运动员专项个性测试量表来测评。如神经类型测定方法有：感觉测定法、视听觉测定法、问答题测定法、数字划消法、排瓶法、声响记录法、安菲莫夫矫正法等。

二、运动训练计划的制订

（一）运动训练计划的概念和特点

运动训练计划就是在训练过程开始之前，为实现训练任务和目标，对训练内容、步骤及其要求所做出的理论设计和安排。当今运动训练计划要想取得切实良好的训练成果，除了必须科学合理，符合运动员的身体机能发展规律和运动潜能激发特点之外，还要具有创新性、差异性、育人性的特点。

1. 创新性

一个好的运动训练计划要想取得好的效果，必然需要予以创新。从实践情况来看，在现代竞技场上，虽然各项运动表面上看都是运动员竞技能力和运动素质的比拼与较量，但在这些表层之下还隐藏了许多其他的因素。

例如，现代科技的发展，训练过程中对其他科学理论的应用等，这些都会对训练计划的实施及运动员的训练效果产生极大影响。例如，在运动员进行科学的体能训练的基础上，把经过认真研究的心理训练等措施运用到训练中，并付诸实践，这就是创新。而这些创新都会极大地提高运动计划实施的效果，培养出优秀的"精品"运动员。

2. 差异性

我们知道，不同的个体具有不同的心理素质、体能情况、运动水平，运动员虽然经过了系统性的训练，在整体上保持着较高的运动水平。但不同的运动员也会表现出不同的特点，因此，训练计划必须因运动员个体的差异而有所区别，不可一概而论。此外，不同的运动项目在训练过程中也会有不同的要求和特点，这也要求运动训练计划必须表现出差异性。

3. 育人性

现代运动训练计划越来越强调其育人性，强调将运动员人文素养的提升融入运动训练的过程中，使运动员在提高运动技术水平的同时，人文素养也不断得到提升。

（二）制订运动训练计划的依据

1. 起始状态诊断

（1）起始状态诊断在运动训练中的作用

首先，运动员训练的起始状态，是运动训练状态过程的出发点。运动员当前的竞技水平如何，当前的身体素质水平如何，决定其竞技能力的各个因素的发展水平。运动员的发育状况、健康状况、文化教育水平、心理状态等都对运动训练过程产生着重要影响。对这些问题的科学分析和准确判断，是有效地组织运动训练过程的基本依据。因此，只有在科学诊断的基础上，才能够提供精确的训练指标，才有可能制订出切实可行的训练计划。

其次，通过运动训练诊断，可以发现训练过程中不同环节存在的问题。测定现实状态与目标状态的差距大小，为实施运动训练过程的有效控制提供了可靠依据。根据测量结果调整训练指标、修订训练计划，可以实现运动训练过程的最佳化，最终完成实现状态目标的任务。

最后，运动训练过程中的状态诊断与检查评定两个环节在一定条件下可以互相转化。一个大的运动训练过程中的每一个阶段的检查评定，正是一个较小的运动训练对运动员起始状态的诊断，而每一个独立的运动训练过程开始时对运动员起始状态的诊断，都可以看作一个更大的运动训练过程的阶段性的检查评定。多年训练过程和年度训练过程，阶段训练过程和周训练过程，都处于这样一种关系之中。

（2）运动员起始状态诊断的内容

第一，运动成绩。运动成绩是根据特定的评定行为对运动员及其对手的竞技能力在比赛中的发挥状况进行的综合评定，是运动员参加比赛的结果，是教练员、运动员智能、体能艰苦付出的价值表现形式，而且是唯一的价值表现形式。因此，对运动员运动成绩的诊断是确定运动员起始状态的一个重要依据。

从实践情况来看，参加不同项目的运动员在比赛中表现出来的竞技水平有着不同的衡量标准。从比赛结果的评价方法分类：田径、自行车、游泳、速度滑冰、举重以及射击、射箭等项目，可以运用标定的计量工具进行测量，通过对时间、距离、重量、环数的准确测定评价其竞技水平的高低；体操、艺术体操、跳水等技巧项目，由裁判根据统一的标准，对所完成的动作给予评分来确定竞技水平的高低；足球、水球、冰球、曲棍球、篮球等项目，按比赛中命中特定区域的次数评定胜负；摔跤、柔道、拳击等项目，在没有出现绝对胜利时，也按命中得分的情况评定竞技水平及胜负；乒乓球、羽毛球、排球和网球等项目，则通过比赛得分的多少反映竞技水平的高低。

第二，竞技能力。竞技能力是运动员参加训练和比赛所必须具备的素质，是运动员体能、技能、智能和训练比赛能力的综合表现。组成运动员竞技能力的因素有形态、机能、素质、技术、战术、心理及智力。

对不同项目的运动员的竞技能力进行诊断时，必须考虑不同专项竞技能力的结构特点。不同项群运动员竞技能力的决定因素各不相同，因此，在诊断中要抓住起决定因素的主导因素，予以科学的诊断，并将其作为运动员竞技能力总体诊断的主要依据。

2. 训练目标

训练目标是为了了解和掌握训练全过程的发展进程而专门设计的理想模式。任何时候，任何情况下，目标永远是区别成功者与失败者的分水岭。如果一个人在生活中有目标，不管他目前的状况如何，他都会努力向着这个目标前进。训练目标向训练参与者描绘出运动训练过程的目标状态，全部的训练过程都是为实现这一终极目标状态服务的。这一终极目标的确定，使得训练过程的每一个环节、每次训练活动和比赛都围绕着目标状态的实现而全面展开，从而为训练计划和比赛计划的制订和实施提供了依据。此外，训练目标也是建立训练控制模型的基础，系列工程的原理表明，任何控制过程的第一步都是科学地确定控制目标，运动训练控制过程的第一步也是如此。

一般情况下，训练目标是一个多层次的有序系统，一个完整的训练目标由运动成绩指标、竞技能力指标和阶段序列指标构成，这里简单介绍前两种。

（1）运动成绩指标

运动成绩指标包括运动员在比赛中所表现的竞技水平和比赛名次两个方面。对于可测量的体能类项群及技能类表现性项群的运动员，可以提出定量的竞技水平指标；而对于技能类对抗性项群则可以提出若干模糊的竞技水平指标。

（2）竞技能力指标

运动员竞技能力发展水平是决定运动成绩的重要基础。构成运动员竞技能力的各个因素及它们的组合方式与运动员的竞技水平有着直接的因果关系。建立运动员竞技水平决定因素的特征模型，可以把运动员训练的竞技水平分解为既可以反映运动员各种能力特征又可以反映各特征之间紧密联系的具体指标。

（三）运动训练计划的运用

根据适用时间的差异，可以将运动训练计划分为年度训练计划、阶段训练计划、周训练计划和课训练计划，因此，对运动训练计划的运用也可以从这些方面入手。由于篇幅原因，这里主要分析一下年度训练计划和课训练计划的运用。

1. 年度训练计划的运用

年度训练计划的总体安排涉及的内容较多，因此，必须从系统的观点出发，使整个安排科学合理。要提出一些定量指标，并使各方面的指标相互协调和系统连贯。

2. 课训练计划的运用

课训练计划的制订，要求更为具体和详细，不仅要讲究训练手段，提出负荷要求，而且还要考虑场地、器材、组织形式，以及制定现场恢复的措施，考虑如何记录、评价训练课的进行和计划执行情况等。

三、运动竞赛的组织

（一）运动竞赛的意义

运动竞赛是体育活动的常见形式之一，是以一定的规则为依据，以争取优胜为目的的比赛活动。运动竞赛的组织可以吸引和鼓励人们参加体育锻炼，推动群众性运动项目的普及和发展，推动体育运动水平的提高。同时，运动竞赛的组织也能让观众感受到高尚体育道德作风的熏陶和激励，丰富人们的业余文化生活。此外，运动竞赛还能使不同国家、民族、地区的体育爱好者和运动员聚集在一起，加强国内外各民族人民之间的联系，促进世界各国人民之间的相互了解和友谊。

现代运动竞赛具有更加广泛的国际性和紧张激烈的竞争性。以国际体育运动竞赛中规模最大的奥林匹克运动会为例，它一般采用统一的规则和标准，包括多种竞赛项目，如田径、游泳、足球、篮球、排球等。此外，这些赛事的影响力也很大，全世界有很多人都在关注这些赛事。

（二）组织运动竞赛活动的工作程序

运动竞赛活动的组织管理是一个非常复杂且十分具体的工作，特别是一些规模较大的运动竞赛，涉及诸多部门和人员，组织工作也是纷繁复杂。若组织不当，很可能出现混乱的局面，如里约奥运会上的绿色泳池等。因此，一般规模较大的运动竞赛都会成立大会组织委员会（或筹备委员会）及相关下属部门。

组织委员会在主办单位的领导下由各方有关代表人员组成，负责组织和领导竞赛的全部工作。组织委员会下设若干工作机构，负责各项组织工作。

（三）运动竞赛的组织机构设置及职能

1. 运动竞赛组织机构的设置

组织机构的建立是体育运动竞赛组织管理工作的关键环节。机构设置必须合理，各机构的工作任务要明确，只有这样才能保证竞赛活动顺利进行。一般竞赛的组织机构采用委员会制。竞赛组织委员会的建立，要与竞赛规模相适应。规模小的单项体育运动竞赛，应以完成各项任务为准，尽量简化组织机构。

规模较大的综合性运动会，可根据需要增设接待部、财务部、大型活动部、对外联络部和学术活动部等职能部门。此外，每一个单项比赛，必须设立单项竞赛委员会，直属大会组委会领导。有的竞赛活动，为提高规格，扩大影响，还可成立大会主席团，邀请层次较高的党、政领导人担任大会名誉职务。

2. 各部门的职能

（1）组织委员会

组织委员会又称组委会，是整个竞赛组织工作的最高领导机构。组织委员会的主要职能包括以下几个方面。

第一，审议通过组织委员会人员名单。

第二，审议批准各组织机构的设置和主要负责人名单。

第三，审议批准竞赛活动的各项实施方案。

第四，审议批准大会经费使用的原则、范围及预、决算方案。

第五，解决竞赛活动过程中出现的重大问题。

（2）组委会办公室

组委会办公室又称秘书处，是组委会的综合职能部门。其主要任务是拟定文件、组织会议、文档管理、督促调控和上传下达。一般综合性运动会办公室由主任、联络员、综合管理员、文秘等人员组成，也可根据运动会的规模灵活设定。

（3）竞赛部

竞赛部的主要任务是负责运动竞赛方案的制定与实施，是竞赛组织管理过程中处于核心地位的办事机构。在赛前准备阶段，竞赛部的职责包括：选择各项目比赛的场馆，落实承办单位，报组委会审批通过，并按规格要求布置、检查和验收场地器材的准备情况；确定各单项竞赛的仲裁委员会（或技术代表）成员和副裁判长人选；按照竞赛规程的有关规定，做好竞赛报名、注册与统计工作；编印大会竞赛总秩序手册，制定活动总日程表等。在竞赛实施阶段，竞赛部需要检查各项准备工作，引导协助各赛区单项竞赛委员会做好报道、接待等工作，在比赛正式开始后，提前做好公布记录和成绩统计的各项准备工作等。在赛后总结阶段，竞赛部要将部门的书面工作报告及其他文件、资料整理好，在组委会办公室规定的时间内交给组委会办公室归档。

（4）宣传部

宣传部是组委会统一领导下的职能部门，它的主要任务是做好赛事的新闻宣传、教育和传播工作。

（5）后勤部

后勤部的主要任务是加强财物管理，做好生活接待，在交通、食宿、医疗卫生、通信等方面提供后勤保障。

（6）保卫部

保卫部的主要任务是负责组织并实施竞赛活动的各项安全保卫工作。它是举办运动会不可缺少的机构之一。通常保卫部是由主办或承办单位内部的保卫组织、公安机关和有关部门共同组成的。

第三节 体育运动训练的管理理论和实施

随着社会的进步和经济的发展，人们越来越重视科学管理。近年来我国竞技体育迅速发展的一个很重要的原因就是加强了对运动训练的科学管理。实践证明，运动训练管理可以充分调动广大管理人员、教练员和运动员的积极性，有利于提高运动训练的效益。近几十年来，我国在运动训练管理方面积累了许多宝贵的经验，形成了一套基本适合我国国情的运动训练管理体制和有效的管理办法，对指导运动训练发挥了积极的作用。但是，随着现代运动训练的快速发展，传统的经验法在运动训练中已经不再适合，探索科学的运动训练管理方法成为当代运动训练领域研究的一个重要方向。

一、运动训练管理的概念

对于运动训练管理的概念，国内体育界许多专家和学者在研究运动训练管理的过程中，都对其进行过明确的界定，下面是一些比较具有代表性的观点。

运动训练管理旨在遵循运动训练的客观规律，紧密围绕运动训练的过程，不断改进运动训练的组织方法和工作方法，为提高运动训练水平服务。

运动训练管理就是管理者遵循运动训练的客观规律，运用有效的方法和手段，对运动训练系统进行计划、组织、控制、协调，以不断提高效率，实现运动训练目标的综合活动过程。

运动训练管理是指在运动训练过程中，为了实现运动训练的预期目标，以教练员和运动员为核心进行的各种协调活动。

所谓运动训练管理就是运动训练系统的管理者通过一定方式调控资源，实现运动训练目标的活动。

综合上述观点，笔者认为运动训练管理是指体育管理者遵循运动训练的客观规律，运用有效的管理手段，为不断提高训练的功效，实现运动训练的工作目标，而对运动训练系统进行计划、组织、控制、协调、创新的综合活动过程。

二、运动训练管理系统

运动训练管理系统是由管理者和被管理者两个部分组成，以教练员和运动员的训练关系为核心的系统。在该系统中，管理者、管理对象和信息是其构成的三个基本要素。

（一）运动训练的管理者

运动训练的管理者主要包括各级行政管理干部以及教练员，运动员有时也会成为自身的管理者。

1. 教练员对运动队的管理

在整个运动训练系统中，教练员担负着培养运动员人才的主要任务。建设一支高水平的教练员队伍对于整个运动队的长远发展来说具有非常重要的意义。

2. 运动员的自我管理

运动员对自身的管理是现代运动训练中的关键因素，有助于现代运动训练的管理队伍的形成。

3. 其他管理人员

随着现代运动训练逐渐向科学化发展的加深、加强，加之对运动员的文化教育、科学指导、医务监督以及物质技术保障的要求逐渐提高，从客观上就要求运动训练的内容需向深度和广度扩展，必须依靠有关科研人员、领队、文化教员、医师及其他人员的密切配合。

（二）运动训练的管理对象

一般而言，运动训练的管理对象主要包括运动训练管理系统中所包含的人员、经费、场地、设施、仪器器材以及训练体制、机制等，决策对运动项目的管理也是一个不可忽视的重要内容。

从运动训练管理最直接、最基本的作用目标来看，运动训练管理系统是运动员（队）或教练员组成的运动训练系统，运动训练及其管理的一切效果最终要通过运动员（队）或由教练员与运动员共同反映出来，因此，运动员（队）或教练员是运动训练管理最主要的管理对象。

（三）运动训练的信息

从哲学的角度看，事物（系统）间的一切联系或相互作用都可概括为信息。因此，在运动训练管理系统内外的各种相互作用或联系，都称为信息。信息有内信息和外信息之分。

1. 内信息

管理者（教练员）与管理对象（运动员）之间的相互作用和联系是运动训练管理系统的内信息，它是该系统存在与运动变化的内因和根据，又可分为作用信息和反馈信息。

（1）作用信息

作用信息是运动训练管理者根据运动训练管理目标对运动训练管理对象施加的各种物质性和精神性作用，以引起管理对象的运动，进而使运动训练管理系统从初始状态向目标状态转移。

（2）反馈信息

反馈信息是运动训练管理对象对作用信息的反馈，是对运动训练管理效果的反映。运动训练管理者通过获得这种反馈信息，发现运动训练管理系统的实际状态与计划目标的偏差，分析偏差的原因，并寻求消除偏差的方法、手段，对管理对象进行新的训练调控，以达到消除偏差、实现目标的目的。这种作用信息与反馈信息的相互作用和反复循环构成了运动训练管理系统的管理实践活动。

2. 外信息

运动训练管理系统与环境的相互作用和联系就是运动训练管理系统的外信息。在运动训练管理中，外信息可以分为对系统的输入与输出两种信息。

（1）输入信息

输入信息主要是环境对运动训练管理系统的作用。它主要包括国内、国外的情报以及国家或高一层次运动训练管理者的指令，有时就是上级下达的运动训练管理目标。运动训练管理系统的输入信息对整个管理活动有着重要的前提意义，尤其是上级下达的运动训练管理目标，是运动训练管理者行使管理职能（如制订运动训练管理计划）的依据，因此它就成为衡量全部管理质量与效果的标准。输入信息十分复杂，包括社会生活各个方面对管理系统的作用，其中包括大量扰动信息及不利因素的作用。

（2）输出信息

输出信息是运动训练管理系统对环境的作用。它在一定程度上反映了整个运动训练管理的实际状况，如完成管理目标或计划目标的情况，取得的社会效益、经济效益，存在的问题等。总之，输出信息体现了整个系统的价值和社会生活中的实际功能作用，同时又是对上级指令的反馈，因此也是高层次运动训练管理系统中的内信息，是上级对运动训练管理系统进行有效管理的重要依据之一。

三、运动训练管理的基本内容

从上述运动训练管理过程的系统构成可以看出，运动训练管理系统是从选拔一定的运动员苗子到产生优秀运动员，通过投入一定的人、财、物等，运用计划、组织、控制、协调、创新等基本职能，遵循科学的管理原理、原则和方法，以实现投入与产出效益最大化的过程。在这一过程中，运动训练管理所涉及的内容大体包括：竞技运动的特点与科学管理的必要性；运动训练管理的目标、任务和措施；运动训练管理的原理、原则和方法；运动训练体制及其改革和创新；运动队伍的管理；运动员、教练员的培养；运动训练管理的效果与评价；运动项目的合理布局、立项与管理；运动项目协会的管理以及基层业余训练的组织与管理等。

近年来，运动训练实践有了飞速发展，现代训练管理理论也有了许多新的突破。运动训练管理理论体系也在不断发展和完善，许多新的管理理论与方法在运动训练管理的实践中得到充分的应用，并逐渐构成比较完整的理论体系。

四、运动训练管理的实施

从实践情况来看，运动训练管理大致可分为对教练员、运动员的人力资源管理，对运动训练经费的财力资源管理，对体育场馆等体育日常设施的物力资源管理三类。

（一）对教练员、运动员的人力资源管理

1. 对教练员的管理

优秀运动队的教练员是运动训练的直接组织者和管理者，他们承担着培训运动员的主要任务，对促进运动员的全面发展，提高运动员的运动技术水平，实现优秀运动队的目标起着主导作用。许多事实说明，影响一个国家运动技术水平的因素是多方面的，但教练员人数的多少和水平的高低，是其中一个重要因素。有的专家指出，一个国家能培养出多少世界冠军，首先在于他们能够拥有多少个具有世界水平

的教练员，美国、俄罗斯等体育先进国家的经验都证明了这一点。因此，建设一支高水平、高质量的教练员队伍，已成为加强运动训练管理的一个至关重要的环节。具体来看，考虑到运动训练管理的动态性特征，对教练员的管理主要通过教练员的选拔、使用、培训考核等来实现。

（1）教练员的选拔

选拔教练员是运动项目发展的关键环节，是任用教练员的必要途径。从目前国内外教练员选拔的途径来看，主要有以下几种。

第一，从专门的体育教练员学院、系毕业生中选拔。英国、法国等国基本是这样做的。在我国，目前还没有专门培养教练员的体育院校。从发展来看，从专门培养体育教练员的学校选拔教练员是竞技体育发展的必然趋势。

第二，从优秀的退役运动员中选拔。这是我国过去和现在补充教练员的主要途径。这样选拔出来的教练员，熟悉本专项技术，能比较快地适应教练工作。加之本人长期从事专项训练，有较好的技术基础和丰富的实践知识，能够从实际出发，因材施教，有针对性地进行训练工作。但他们不足的是文化水平偏低，缺乏系统的专项理论和基础理论知识，难以胜任竞技体育科技化发展的要求。

第三，从体育院、系的运动训练专业，或者体育教育专业、武术专业毕业生中选拔。这已逐步成为我国优秀运动队教练员的主要来源。这样选拔出来的教练，文化水平高，具有较系统的基础理论和专业理论知识，但欠缺运动训练实践经验。

第四，从基层体校或中学的教练员或体育教师中选拔。这样选拔出来的教练由于长期在艰苦的条件下从事训练工作，具有高度的事业心和责任感，在某些专项训练上总结出了一套独特的方法，选准了，用好了，可以发挥重要的作用。当然他们的不足是接触高水平训练较少，对高新的科学训练技术与手段不够熟悉。

另外，教练员的选拔还需满足以下几方面的要求。

第一，按照不同层次的教练员与运动员之间的限额比例选配教练员。根据国家体委有关规定，国家队教练员与运动员之间的限额比例为 $1:3\sim5$（人）；省、区、市优秀运动队教练员与运动员之间的限额比例为 $1:4\sim6$（人）；竞技体校、体育运动学校教练员与运动员之间的限额比例为 $1:6\sim10$（人）；重点业余体校、体育中学教练员与运动员之间的限额比例为 $1:8\sim12$（人）；普通业余体校教练员与运动员之间的限额比例不低于 $1:12$（人）。

第二，按照不同层次教练员的高级、中级、初级职务之间的比例结构来选配教练员。国家队教练员高、中、初级职务之间的结构比例为 $6:3:1$；省、区、市优秀运动队教练员的高、中、初级职务之间的结构比例为 $2\sim3:5:3\sim2$；各类体育学校的高、中、初级职务之间的结构比例为 $1\sim2:5:4\sim3$。此外，优秀运动队的国家级教练员人数应占教练员高级职务人数的 $10\%\sim15\%$；各类体育学校的国家级教练员人数不超过教练员高级职务人数的 5%。

第三，各项目教练员班子的组合应注意"远缘杂交"，让不同流派、不同风格的教练员有机地结合在一起，产生更大的活力和效能。

第四，坚持任职条件，克服以运动成绩作为选配教练员的唯一依据的倾向，实行教练员岗位合格证上岗制度。

（2）教练员的使用

第一，扬长避短，各尽其才。人各有长短，用人之道，在于用其长，避其短，各尽其才。使用教练员，始终要坚持扬长避短。其一，不必求全责备，因为世上既无全才，也无完人，求全责备容易压抑开拓型人才；其二，要做到扬长避短，首先要知其长短，作为领导要熟知教练的长处与短处，合理用人；其三，要建设一支优势互补、结构合理的教练员队伍，注意组合扬长避短、默契配合的教练员班子。

第二，充分相信教练员。优秀运动队推行"主教练负责制"，主教练负责制，是加强运动训练的业务管理，充分发挥教练员主导作用的一种管理制度。其实施办法是，由上级有关领导聘用运动队的主教练，明确其任期及目标责任，赋予相应的权力，并规定必要的奖惩措施，缴纳一定的风险金。然后由主教练提名，经有关领导审核，成立以主教练为核心，由若干教练员组成的教练员小组。在主教练的主持下，由教练员小组负责运动训练的各项组织和实施工作。试行主教练负责制的优秀运动队，仍可设领队。领队的职责主要是配合主教练做好运动员的思想政治工作和有关生活管理工作，而对训练业务工作不做任何干预。有的队为了既调动主教练的积极性，又发挥领队的作用，试行"领队领导下的主教练负责制"。

第三，破除论资排辈，量才用人。年龄大，资历深的教练，是我们的宝贵财富，他们阅历、经验丰富；然而年轻教练一般接受科学技术快，思想开阔，精力充沛。因此，二者各有所长，应充分调动他们的积极性。但对于脱颖而出的年轻教练，不能因其资历浅而不予重用，相反应大胆培养，大胆使用，鼓励后来者居上，青出于蓝而胜于蓝。

第四，重视开发教练员的潜能。现实中，有的领导在教练员人才问题上眼光在外，忽视对本单位人才的开发利用。对优秀运动队教练人才的使用，不仅是看其带队比赛的成绩，平时也应采取全面考核、严格审查、定期进修提高等措施，深挖现有教练员的潜在优势，破除教练员"终身制"。领导部门要对现有教练员的年龄结构、知识结构、业务水平、工作能力等做到心中有数，并在此基础上进行科学分析，制订长远规划，做到"人尽其才，物尽其用"。

（3）教练员的培训考核

我国竞技体育要发展，根本任务是要培养出高水平的运动员。而高水平运动员的培养首先取决于高水平的教练员。因此，对教练员进行培训十分必要。对教练员的培训可从以下两方面入手。

第一，发挥体育院校的作用，培养教练员专门人才。学校教育是培养教练员的一个重要渠道。在体育院校中开设运动训练专业，系统地教授各种体育专业知识，培养专门人才，是教练员队伍建设的一项重大战略措施。它不仅可以保证教练员队伍后继有人，还能够比较及时地把现代最新管理科学知识带到训练教学中去，从而促进我国运动技术水平的不断提高。

第二，在实践中培养提高。从我国目前教练队伍的状况看，多数教练员急需知识补缺和更新。虽然近年来有许多教练员通过脱产进修，在政治、业务知识和管理能力上有了很大提高，但是脱产进修的人数、时间和学习内容有限。即使在进修中学到了一定的知识，也不能一劳永逸。所以，必须重视在实践中培养和提高教练员队伍的素质。

除了做好教练的培训之外，还需要结合教练员的运动训练情况，定期对教练员的思想素质和业务水平进行考核，以帮助管理者及时了解教练员素质和水平的变化情况，从而正确地选用和有效地培训教练员，并结合考核结果，对教练员予以相应的管理。

2. 对运动员的管理

在整个运动训练系统中，运动员是主体。因此，加强运动员的管理至关重要，它是运动训练管理系统中的一个核心环节。

（1）运动员选才

可以说，运动员选才是运动训练中具有决定性作用的首要环节。选拔运动员时要注意以下几个方面的要求。

第一，根据运动员的需求量，即根据"供求"关系确定运动员的选配。

第二，根据学校的实际情况和需要招收不同项目的体育特长生。

第三，针对不同项目区别对待。运动员的配置在必要时要向奥运会项目倾斜，同时还要充分考虑运动项目的影响力、实力、获奖效益等客观因素。

（2）运动员的合理流动

相关调查表明，我国各省、区、市的运动人才流动的现状表现为流动不平衡，且阻力大。主要的阻力是目前我国还没有相关完善的政策和法规。在运动训练管理中，要想提高工作效益和成才率，就必须实现运动队伍的优化组合、合理搭配。合理的人才交流是达到这一目标的必要条件。

运动员合理流动的总原则有利于运动员的开发、利用和培养，因此对运动员的管理也需要采取一定的方法，促进运动员合理流动，具体可从以下几方面入手。

第一，代训流动法。代训流动是一种有偿流动，即委托单位给代训单位一定的代训费。

第二，公开招聘和招考法。

第三，借聘合同流动法。人才缺乏和人才过剩的地区双方签订借聘合同，运动员在合同期内转到借聘的单位，代表该单位参赛，合同期满仍回原单位。

第四，有偿转会流动法。在职业俱乐部已注册的运动员，可按照协会章程和规定，在各单位间进行有偿转会流动。

第五，交流互补流动法。在各省、区、市和单位建立"运动员交流协作区"或通过其他方式进行人才的交流和互补。

（3）对退役运动员的管理

妥善安置退役优秀运动员，对加强优秀运动队建设，鼓励他们勇攀世界体育高峰，激励更多的青少年献身体育事业，为国争光，具有重要意义。

优秀运动员退役后的分配是目前最困难的问题。这个问题主要是受整个国家宏观社会、经济环境的影响。各省、自治区、直辖市为妥善安置退役运动员，都制定了相应的措施与条例，并取得了一定的效果。

在安置原则上，退役优秀运动员的安置，首先，应贯彻从哪里来到哪里去的原则。其次，是坚持条件择优录用原则。安置中考虑退役运动员的服役长短、贡献大小、文化水平高低、思想表现、专业知识技能以及业务能力等情况，统筹兼顾、妥善安置。最后，是要自觉服从分配。对组织安置的工作不满意的，允许在规定时间内提出，组织尽可能给予关照，或自己联系接收单位。超过期限仍未落实接收单位，又不服从组织分配的，取消其分配资格，按自行离职处理。

在安置去向上，对退役运动员的安置去向有三种：一是推荐报考高等学校进行深造。对具有高中毕业或同等学力，思想政治品德好，在国内外重大比赛中取得较突出成绩（均有具体规定和要求）的优秀运动员，可由本人申请，所在省、区、市体委推荐，经高等学校单独考试或考察，经省、区、市招办批准，可以纳入普通高等学校招生计划，入校学习。二是根据条件规定，择优录为干部。对于在国内外重大比赛中获得突出成绩，具有高中文化程度，政治思想素质好，身体健康，有一定工作能力的优秀运动员，在落实接收单位和工作岗位后，可以办理转干手续，按干部分配工作。三是对不具备升学条件和录用条件的优秀运动员，则按工人分配工作。

（二）对运动训练经费的财力资源管理

1.训练经费的管理

对训练经费的管理实际上就是要合理使用训练经费，这要求管理者做好以下几方面的工作。

（1）按计划、按规定用款

经费的使用应按运动训练工作计划进行，确保重点，紧紧围绕着提高运动技术水平这个中心进行资金安排，根据年度预算，按规定的开支范围和开支标准执行，杜绝无计划、不符合规定的开支。

（2）注意经费的使用效果

首先，经费安排不能平均使用，必须有所侧重。上级预算经费指标确定以后，在除去应发工资津贴、保障福利以外，其余公用经费不必面面俱到，应以满足运动队必要的比赛、训练活动，如器材经费、科学训练经费、比赛车船差旅费、必要的后勤保障经费（医疗保健、洗浴等）为主，而其他办公、行政经费等项目可做适当压缩。其次，在安排训练比赛经费方面，应根据每个特定时期竞技活动具体情况而有所倾斜地确定重点或优势项目。对科学训练和比赛，需要优先保障供给，如外汇额度使用优先保证进口等项目的国外先进器材和设备。重点项目和少数尖子运动员的标准略高于其他运动员，尽力保证尖子运动员的营养品及补品药物的供给，在"保健"设备不足的情况下优先保证重点项目和尖子运动员使用。

（3）厉行节约、精打细算

厉行节约、精打细算既是体育经费使用的一项基本要求，又是一种具体的方法与技巧。各级领导和业务主管人员应开动脑筋，调查实际，精细核算，巧妙安排各项经费的合理使用。

（4）完善审查制度

训练经费使用的支出票证必须按财务的票证规定和缴销手续进行实质上的审查和形式上的审查。既要审查支出凭证上所反映的经费使用是否与事实相符，是否按规定和计划办事，是否符合党和国家有关的方针政策和法规制度，有无违反财经纪律现象，又要审查支出凭证的填制是否准确，手续是否完备。

（5）不断改善体育事业费中各项费用之间的比例关系

体育事业费既有维持经费，又有发展经费；既有人员经费，又有公用经费；既有消耗性的开支，又有耐用性的开支；既有公务费、业务费，又有房屋设备修理费和设备购置费等。每一种费用开支都有其应有的作用。如果它们之间的比例安排不当，就会造成积压、浪费，影响各项事业的发展。因此，在使用体育事业费时，要根据不同单位、不同时期的不同情况，适时调整各类费用之间的比例关系，使之达到协调、均衡、和谐的状态。

2. 体育活动经费管理

体育活动经费是训练活动顺利开展的基本保证。体育活动经费管理人员要遵循群体活动经费的使用规律，把每一分钱都用在运动员的身上。

体育运动训练竞赛的经费开支主要有组织编排费、裁判劳务费、添置器材费、奖品费等。缺少任何一项都有可能影响到体育竞赛的顺利进行。

组织编排费是负责编排的教练员组织制定竞赛规程、召集有关人员开会布置工作、培训裁判、编排竞赛日程、准备裁判器材、安排裁判和比赛队、准备奖品等各种竞赛事项所得的报酬。

裁判劳务费标准要根据各校的具体实际来制定，并且教练员和运动员要有所区别，在一定的情况下，可以加以适当的经济补贴。

添置器材的费用一般在年度体育器材预算中已经体现了，如出现事先无法预料的情况，需要临时添置，要动用机动费用。

体育竞赛奖品费主要是以鼓励运动员为主，经济奖励为辅；集体荣誉为先，个人荣誉为后。因此，在奖励分配上，要重集体轻个人，加重集体名次的奖励，个人奖励以发荣誉证书为主，也可以发少量奖金。

3. 体育教研经费管理

充足的体育教研经费是保障体育学科发展的重要条件，主要包括以下内容。

（1）外出考察观摩学习的费用

对学校体育运动训练而言，在体育课程教学改革过程中，对上级下发的文件的理解每个学校都会存在差异，要想充分理解就必须通观全局，找到适合本校的改革方案，进一步改进本校的体育课程教学，外出考察观摩学习便是一个非常好的方法。因此，每年的体育经费预算中就需要列入外出考察观摩学习的费用。

（2）出席各级体育科研研讨（报告）会议的费用

体育教练员进行体育科学研究要发表论文，论文发表后就可能被邀请参加各级体育科研论文报告会，在每年的年度经费预算中这也是不可缺少的一部分。

（3）邀请有关专家做科研成果鉴定的费用

在体育科研项目中，为了鉴定科研成果，必须邀请有关专家来做评估和调研。年度经费预算中也应该列入此项。

4. 体育竞赛经费管理

以学校体育运动训练的经费管理为例，体育竞赛费用主要指的是学校体育代表队进行校外大型比赛的经费开支，可以执行专款专用的模式，也可把经费细化，这些竞赛大多都会关系到整个学校的荣誉，因此经费管理要到位。

（1）运动员训练补助

在学校中，运动员的训练不同于学生体育协会的活动，他们是为学校争得荣誉，训练需要消耗大量体力，要有营养补充，这笔费用在非训练学生中是不需要的。这些补助的依据是通过运动员的等级、贡献的大小、技术水平的高低等要素决定的。

（2）教练员训练课酬

教练员训练课酬不同于其他公共课，因为竞赛需要教练员全身心投入，还要根据每个成员的情况随时调整训练计划。教练员不仅要抓运动员的训练，抓文化学习，还要抓思想作风，抓生活，抓招生（体育特长生），外出比赛还需要联系交通车，比赛回来要解决运动员的洗澡、吃饭、住宿等问题，还要随时掌握竞争对手的情况等，这些都需要耗费很大的精力。为了让教练员能集中精力搞好训练和竞赛，学校应该有相关补助政策。

（3）运动员比赛服装的费用

运动员的比赛服装要求每年大赛前添置一套，也可根据本校情况和需要增加配置。经费按照市场价格决定，服装要求符合竞赛规则，应实用、美观、耐久。

（4）训练竞赛器材的费用

训练竞赛需要配备专门的体育器材，要贴近实战要求，标准宜高不宜低，因为其质量和档次直接影响到比赛结果。

（5）校外竞赛费用

校代表队进行校外竞赛时，根据距离远近，花费也不一样，在近距离时需要交通车，远距离时需要交通费，甚至需要住宿费、餐务费等。这些都需要在年度预算中列支。

（6）外出招体育特长生的经费

有时为了学校体育教育发展会外出招体育特长生，这是一笔不小的经费。它需要长期的礼尚往来、情报沟通。除了一般的工作关系外，还需要有感情交流，才能招到满意的体育尖子。一般包括差旅费、食宿费、电话费等各种费用。

（7）比赛奖励

校代表队在正式比赛中取得好成绩，理应进行奖励。奖励可以鼓舞运动员的士气，也可以利用重奖作为招生的有利条件，吸引高水平运动员来校就读。

奖励要分级别，分名次。参加不同级别的比赛及获取不同的名次有不同的奖励。一般情况下省一级比赛取得前六名就应有奖励。奖励也是学校代表队可持续发展的措施之一。

（三）对体育场馆等体育日常设施的物力资源管理

1. 对体育场馆的管理

为了保障体育教学工作的顺利进行，体育场馆的有效管理是至关重要的。体育场馆的管理有以下几方面的要求。

体育馆内的环境应尽量保持优雅舒适，使运动员在训练时心情愉快，这是体育场馆有效管理的方法之一。

建立制度化、常规化的管理制度，推行体育场馆管理责任制。

体育场馆的安全关系到人的生命安全，所以要特别重视体育场馆的安全管理，把安全工作放到重要的议事日程，建立一个科学、完善的安全管理体系，包括安全操作、维护保证体系。

由于体育场馆人流量大，有观众、运动员或表演人员、工作人员、来宾（贵宾）等各类人员，人流组织的核心是避免相互干扰，使各流线、人流畅通。因此，应设观众专用入口、通道或楼梯，工作人员、运动员、贵宾专用通道和入口，以便将观众人流与其他人流隔开，保证人流在正常和非正常情况下都能安全迅速疏散。

加强对管理人员的安全培训，强调预防为主。通过对体育场馆内管理人员的培训，使管理人员认识到安全的重要性，认识并熟悉安全管理制度，提高其贯彻以预防为主的自觉性和处理安全事故的能力。

做好体育场馆的卫生管理。体育场馆卫生管理工作要求针对本场馆的实际，划分卫生区域，建立责任制，做到责任落实到人，"四清楚"（工作范围、任务、职责和标准清楚）。坚持卫生工作标准化、检查制度化，做到自查与抽查相结合、普遍检查与重点检查相结合。

2. 体育场地管理

通常情况下，体育场地的管理与体育场馆的管理相似，只不过不同的场地由于其建材的特殊性，在管理上也会呈现一定的特殊性。这里主要对几种常见的体育场地管理进行分析。

（1）塑胶场地的管理

应按塑胶场地适应范围合理使用，一般只供场地所承担的专项训练和比赛使用。另外要禁止各种机动车辆在上面行驶，以防滴油腐蚀胶面。禁止携带易爆、易燃和腐蚀性物品进入塑胶场地，严禁在场地吸烟和吐痰。跑道上的各种线和标志要保持清晰醒目，模糊后要及时喷一层塑胶液，重新描画标志线。

（2）水泥混凝土场地的管理

场地上的沙、石、泥土和污物要及时清扫，保持整洁。雨季应及时清除积水，冬季应及时清除冰雪。在不同季节应及时填充或铲除填缝料，保持接缝完好，表面平顺。

（3）草坪场地的管理

使用草坪场地的时间要根据季节和草的生长情况来安排，具体使用时间应根据当地气候等方面的条件决定。另外，作为草坪场地的维护管理人员要禁止机动车辆进入草坪。田径运动的掷标枪、铁饼和推铅球等项目，只能在比赛时使用草坪场地，训练时尽量不使用或少使用。一切使用单位和使用者都必须严格遵守草坪场地的使用规定，爱护草坪和场内的一切设施，并且注意场内卫生。

（4）木质场地的管理

按场地使用规范予以使用，要求进场人员必须穿软底鞋，禁止穿皮鞋、高跟鞋和带钉鞋入内。此外，要做好涂地板蜡、涂地板油、涂防滑油工作，做好对防滑膜地板和海绵垫（包）、地毯覆盖地面的维护。

3. 设施与器材管理

体育器材要分门别类放置。使用频率不同的分开放，不同材质的分开放，形状不同的分开放。标枪、横杆、铅球、篮球、排球、足球等要上架，服装、小件器材要入柜，羽毛球拍、网球拍等要悬挂整齐。

放置体育器材的室内应该随时保持整洁的状态。卫生工作要每天一小扫，每周一中扫，每月一大扫。卫生工作要做到每个角落。

器材管理人员在外借器材过程中，首先要当面点数检验器材，做到如数、完整、完好；最后回收器材时，也要仔细检验，然后一次性地放回原来的位置，严禁随意堆放。

在购置器材设备时，要对生产厂家和选购的器材进行深入了解和考察，严把质量关。

进入器材室或器材库的器材，应根据发货单进行验收，然后登记入库，通常采取填写器材登记表的形式登记器材设备。登记表应包括器材设备的名称、数量、单价、规格、生产厂家、入库时间和备注等。

制定体育器材使用的方法和制度，规定体育器材使用的借用手续、使用方法、归还方法和非正常损坏的赔偿办法等，以减少不必要的消耗和损坏，延长使用寿命。

要科学地安排体育器材的保养时间和保养内容，并把责任落实到具体的工作人员。要以文字形式提出具体的器材保养要求，如果是进口器材，则应及时将外文部分翻译成中文。要制订每日、周、月、季、半年、一年的维护计划。

第五章　体育运动训练实践

第一节　球类运动项目训练

一、球类运动的基本知识

（一）球类运动的概念

在体育运动项目中，比较有名的一类就是球类运动，球类运动包含足球运动项目、篮球运动项目、排球运动项目、乒乓球运动项目、羽毛球运动项目与网球运动项目等。作为综合性较强的一项体育运动项目，球类运动对于参加者有一定的要求，需要他们在具备跑、跳、投等基本运动能力的同时，还要能熟练地掌握并应用球类运动各项目的专门技术与战术。

（二）球类运动的特点

1. 球类运动的趣味性特点

所谓的球类运动，顾名思义，其练习活动的开展需要对"球"这一器材进行使用，这使得球类运动的趣味性与吸引力得到了增强。

2. 球类运动的观赏性特点

在球类运动的高水平比赛中，存在着激烈、紧张、异彩纷呈、高潮迭起的氛围。而人们关注的焦点不仅可以是球队的整体战略技术，还可以是球类运动员高水平的技能与技巧，所以观赏球类运动比赛能够给人带来艺术的享受与体验。

3. 球类运动的锻炼性特点

生命在于运动。如果在参与球类运动的过程中，能够使用科学的锻炼方法，不仅能够增强练习者的身体素质，还能够促进练习者的身体健康。

4. 球类运动的广泛性特点

球类运动一直以来都受到人们的广泛追捧。随着体育运动的不断发展，人们对体育健身的认识逐渐加深。同时，很多球类运动项目已成为全球化的体育运动项目，例如，足球被人们称作世界第一运动。由于球类运动不限制参与者的年龄，无论老少都能参与，所以球类运动在人们生活中发挥着越来越重要的作用。

二、球类运动中各个项目的训练

（一）足球运动基本技术

1. 传球

（1）脚内侧踢球技术

足球运动项目的练习者在传球开始之前，应该进行直线型助跑，在最后一步的时候，跨步要大。当支撑脚跨步向前进行支撑的时候，练习者的脚掌应该同地面之间保持一定的距离，同时保证落地支撑的快速。当练习者的支撑脚落地的时候，先落地的应该是脚后跟，通过滚动式向前到全脚掌支撑过渡。此外，练习者需要注意的是，应该适当弯曲支撑腿的膝关节，使身体重心的稳定得到保持。

（2）脚背内侧踢球技术

斜线助跑，助跑方向与出球方向约成45°。助跑最后一步要大一些，一般应保持在本人跨一大步的距离。支撑脚落地时以脚跟及脚掌的外侧沿先着地，然后过渡到全脚掌。支撑脚脚尖指向出球方向，膝关节微屈支撑身体重心，上体略向支撑脚一侧倾斜并稍侧转体（支撑脚一侧的肩部稍向前，踢球脚一侧肩稍向后）。支撑脚与球的位置以支撑脚脚尖与球的前沿保持平齐，左右距离以支撑脚的内侧沿与球的外侧沿保持15～20厘米较好（不同骨盆宽度的人可以适当调整支撑脚与球的左右距离，但一般不要超过25厘米）。在支撑脚着地的同时，踢球腿以髋关节为轴，大腿带动小腿由后向前摆动（大小腿折叠要紧），当踢球腿膝关节摆至球的内侧垂直上方时，小腿做爆发式前摆（大小腿突然打开），脚尖稍向外侧转，脚尖指向斜下方，脚背绷紧固定，以脚背内侧部位踢球的正中后部（踢高球时，可踢球的中下部）。踢球后身体重心随踢球腿的前摆向前移动。

（3）脚背正面踢球技术

直线助跑，最后一步要大一些，成跨步，支撑脚要积极跨步落地，以脚后跟先着地形成滚动式着地支撑。支撑脚的内侧沿与球的外侧沿距离在10～15厘米，一般不应超过20厘米。前后距离以支撑脚的脚尖与球的前沿保持平齐为好，过前和过后都会影响踢球的效果。在支撑脚落地支撑的同时，踢球腿大腿带动小腿（大小腿折叠紧状态）由后向前摆，当膝关节摆到球的垂直上方前的瞬间，大腿制动减速而小腿爆发式突然加速前摆，以脚背正面部位踢球的正中后部位。踢球后自然向前跟出保持身体重心的平稳。

（4）脚背外侧踢球技术

踢平直球时，助跑、支撑位置与姿势、踢球腿的摆动基本与脚背正面踢球动作相同。只是用脚背外侧踢球。在踢球腿的膝关节摆到球的垂直上方前的瞬间，小腿做爆发式前摆，小腿前摆时，脚尖向内转并向下指（踝关节内收并旋内），脚背绷紧，脚趾扣紧，以脚背外侧部位触击球的正中后部。踢球后身体随球向前自然移动，保持身体平衡。

2. 接球

下文对于足球运动接球技术的分析，主要以脚背正面接空中球技术为例进行说明。

支撑腿屈膝稳定支撑身体重心，支撑位置一般在球的侧后方适当位置。接球腿屈膝抬脚，踝关节保持适当紧张，以脚背正面正对来球，在球下落触到脚背的瞬间前接球，脚向下回撤将球在下撤过程中接在自己控制范围之内和下一个动作需要的位置上，并快速完成下一个连接动作。

另一种方法是接球脚基本不向上抬起，而是脚背向上勾起，踝关节保持中度紧张，在接近地面高度 5 ~ 10 厘米处触球，通过球下落的冲击力将勾起的接球脚背砸下去从而缓冲球的力量，将球接控在自己下一个动作需要的控制范围之内，并快速完成下一个连接动作。

3. 运球

（1）脚内侧运球技术

在足球运动的运球技术中，最慢的一种就是脚内侧运球。所谓的脚内侧运球，主要是在需要练习者身体对球进行掩护的一些死角区域或者边线附近需要使用的运球方法。为了能够使对方队员无法抢走球，练习者应该通过侧身转体的姿势将对方的防守队员挤靠住。

在脚内侧运动的过程中，稍微向前跨出支撑脚，在球的前侧方踏住，弯曲膝关节，前倾上体，做出侧身运球的状态，即向运球脚的一侧转体，提起运球脚，在对球的后中部进行推拨的时候使用脚内侧部位。

（2）脚背内侧运球技术

练习者在跑动的过程中，需要自然放松自己的身体，做出小些的步幅，前倾上体，同时微微朝着运球的方向转动。练习者提起运球脚的时候，要稍微弯曲膝关节，提起脚跟，稍微向外转脚尖，在迈步向前的时候通过脚背内侧向前推拨球，在对方向进行改变的时候，常常会使用脚背内侧运球技术。

（3）脚背正面运球技术

练习者在跑动的过程中，需要自然放松自己的身体，做出小些的步幅，前倾上体。当练习者提起运球脚的时候，要弯曲膝关节，提起脚后跟，稍微向下指脚尖，同时，在迈步向前的时候通过脚背正面部位对球的后中部向前推拨。

脚背正面运球技术适用于在快速跑动的过程中，由于前方存在较大纵深距离而必须进行突破或者快速运球的时候。

（二）篮球运动基本技术

1. 移动

（1）起动

篮球运动项目开展过程中的起动，主要是指在球场中练习者的一种动作，即从静止状态向运动状态转变。同时，起动也能够作为一种方法，促进位移初速度的获得。

在篮球运动项目开展过程中，起动的动作要领在于在动作开始前降低重心，前倾上体，双手手臂的肘部弯曲，在体侧自然垂直，后脚或者异侧脚的前脚掌的蹬地动作要用力，伴随手臂快速摆动的动作进行起动。

起动中比较容易出现的错误是：没有及时地移动重心，后脚的前脚掌或者是异侧脚没有做出充分蹬地动作，存在较大的步幅。纠正的有效方法是：蹬地时快速用力，最开始的两步或者三步应该快速且步幅小。

（2）跑

在篮球运动项目开展的过程中，跑作为一种脚步动作，目的在于争取时间促进攻守任务的完成。一般来讲，在篮球运动项目的比赛活动中，主要有以下几种常见形式的跑。

变向跑：如果方向的改变是由右边向左边，在最后的一步应该通过右脚的前脚掌内侧做用力蹬地的动作，同时还要稍微内扣脚尖，屈膝迅速，之后左转腰部，向左前方前倾上体；对重心进行移动，向左前方跨出左脚，之后再快速地前进。

变速跑：在篮球运动项目开展的过程中，练习者跑动时通过改变速度来促进攻守任务完成的方法就是变速跑。练习者从慢跑向快跑转变的时候，前倾上体，短促有力地用前脚掌向后蹬地，同时摆动手臂要迅速，跑的频率应该逐渐加快。当练习者从快速跑向慢速跑转变的时候，需要抬起上体，加大步幅，用前脚掌同地面接触，使冲力得到减缓，进而使练习者跑步的速度得到降低。

后退跑：在篮球运动项目开展的过程中，当练习者做后退跑动作时，需要交替地使用双脚的前脚掌蹬地且跑动向后。同时，还要挺直、放松上体，双手手臂的肘部弯曲同摆动相配合，使身体保持平衡，两只眼睛半视，对场上的情况进行观察。

侧身跑：在篮球运动项目中，侧身跑的关键目的在于，当练习者跑向前方的时候，朝着跑动的方向将脚尖对准球，同时将头部与上体向着球所在的方向转动，以便于对场上的情况进行观察。

（3）滑步

滑步是在篮球运动项目的防守移动中使用频率比较高的一种步法。滑步对于练习者身体平衡的保持是非常有利的。滑步一般可以分成三种类别，即前滑步、后滑步、侧滑步，其中侧滑步也就是横滑步。

（4）急停

急停是练习者在运动中突然停止的一种脚步动作，分跳步急停和跨步急停两种。

跳步急停：在篮球运动项目的慢速移动与中速移动中，练习者的起跳可能会使用单脚，也可能会使用双脚，同时会稍微后仰上体，两只脚要同时落向地面，同时，在双脚落地的时候保持两腿膝盖的弯曲状态，且双手手臂肘部弯曲向外张开，使身体保持平衡。

跨步急停：在篮球运动项目开展的过程中，如果快速移动的时候练习者需要急停，那么就需要跨一大步向前，后仰上体，后移重心，用脚跟先着地，然后向全脚掌抵住地面过渡，快速弯曲膝盖。当双脚落地以后，稍微向内转脚尖，通过前脚掌内侧做出蹬地动作，弯曲双腿的膝盖，使上体向异侧稍微转动同时向前微倾，在双脚之间保持重心，双手手臂的肘部弯曲自然打开，使身体保持平衡。

（5）转身

转身是以练习者的一只脚作为中轴，同时用力地将另外一只脚蹬地，旋转身体，进而使练习者的身体方向得到改变的脚步动作。在转身动作完成的过程中，身体重心向中枢脚转移，将脚提起，将前脚作为中轴，用力向下碾地的同时，移动脚步使劲蹬地，随着移动脚的转动，上体也要转动。需要注意的是，身体重心不能上下起伏，转动需要沿着一个水平面。当练习者的转身动作完成以后，要使身体保持平衡，以促进与下一个动作之间的衔接。

转身可以分成两种，即前转身与后转身。前转身指移动脚跨步转向中枢脚前方，进而使练习者的身体方向得到改变；后转身指移动脚撤步转向中枢脚，进而使身体方向得到改变。

2. 传、接球

在篮球运动项目中，基本进攻技术之一就是传、接球技术。通常或经过多次及时、准确地传、接球才能够实现一次成功的进攻，进而实现攻击时机的创造。

（1）双手胸前传球

双手胸前传球是比赛中最基本、最常用的传球方法，用这种方法传出的球快速有力，可在不同方向、不同距离中使用，而且便于和投篮、突破等动作结合运用。双手持球的方法是两手手指自然分开，拇指相对成"八"字形，用指根以上部位持球，手心空出。

（2）单手肩上传球

单手肩上传球是单手传球中最基本的一种方法。这种传球的力量大，速度快，常用于中、远距离传球。

3. 投篮

投篮是进攻队员为将球投向球篮而采用的各种专门动作的总称。

（1）原地单手肩上投篮

原地单手肩上投篮是现代篮球比赛中应用比较广泛的一种投篮方法。

（2）行进间单手肩上投篮

行进间单手肩上投篮是在比赛中切入篮下的一种投篮方法。

（3）行进间单手低手投篮

行进间单手低手投篮是在快速跑动中超越或在空中探身超越对手后的一种投篮方法。

（4）急停跳起单手肩上投篮

急停跳起单手肩上投篮是具有突然性的一种投篮方法。球的出手点高，不易被防守。

动作要领：以右手投篮为例。快速向篮下运动，突然利用跳步或跨步急停起跳，同时两手持球上举；当身体达到或接近最高点时，右臂向前上方伸直，手腕前屈，食、中指拨球，通过指端将球投出。

4. 运球

运球是进攻技术中一种重要的基本技术，是组织全队进攻配合和突破防守的手段。

5. 防守技术

防守技术是防守队员合理地运用脚步移动和手臂动作积极地抢占有利位置，阻挠和破坏对手的进攻动作，并以争夺控球权为目的的行动。要达到上述目的，防守时必须积极主动。

6. 抢篮板球

在篮球运动项目开展的过程中，双方攻守时的争夺焦点就是篮板球，同时，它也直接决定了攻守的转换，可以说球权获得的主要途径就是对篮板球的抢夺。在所有的篮球运动项目比赛活动中，投篮命中率与抢夺篮板球次数相比较，后者比前者更加容易影响比赛的最终结果。因此，在现代篮球运动中，争夺主动、获得控制球权的主要方式就是篮板球的争夺，篮板球的争夺也可以展现个人的实力与全队的实力。如果能够将进攻篮板球抢夺到，那么就能获得明显优势，能够增加进攻次数和篮下得分，并增加队员的信心；抢防守篮板球，不仅能控制球权，创造更多的快攻反击机会，而且会对进攻队员的投篮产生巨大的心理压力。教练员一般都很重视队员抢篮板球能力的训练和提高。

（三）排球运动基本技术

1. 准备姿势和移动

排球运动项目最基本的一项技术就是准备姿势和移动，这两项都是无球技术的展示，能够作为各项有球技术完成的基础与前提，如传球技术、发球技术、点球技术、扣球技术与拦网技术等。同时，还能够作为纽带，串联起各种有球技术运动。在排球运动项目中，准备姿势同移动之间的关系是相辅相成的，准备姿势的目的就是移动，可以说，如果想要实现快速移动，就必须先做好准备姿势。

（1）半蹲准备姿势

半蹲准备姿势是排球运动项目中最为基本的一种准备姿势，也是比较常见的准备姿势。要求练习者两腿的膝盖微微弯曲，双脚抵地。

（2）移动

在排球运动项目中，移动的意义在于将球及时接好，同时保持人和球之间的位置关系，为击球动作做好准备。比较常见的有以下几种步法。

交叉步：在排球运动项目开展的过程中，交叉步移动的基础和条件是来球同练习者的体侧存在三米左右的距离。交叉步移动具有步幅大、动作快的显著特点。

使用向右侧交叉步时，需要上体稍微向右倾，右脚在后，左脚交叉迈出一步，之后右脚向右边跨出一大步，同时使身体向来球方向转动，保持击球之前的姿势。

并步与滑步：在排球运动项目开展的过程中，如果练习者身体同球之间的距离是一步左右，就可以使用并步移动。移动过程中，如移动向前，前脚跨出一步向来球方向，后脚蹬地跟上。如果来球同练习者之间的距离较远，仅仅使用并步是不能向球接近的，这时可以使用快速的连续并步。连续并步也称作滑步。

移动包含的步法不只有交叉步、并步、滑步，还有跨步、跑步、跨跳步等。

2. 发球

在排球运动项目开展的过程中，发球是指在发球区域，练习者将自己抛起来的球用一只手向对方场区直接击入的动作。作为排球运动项目的一种基本技术，发球也是一种重要的进攻性技术，在排球比赛中使用广泛。

（1）正面下手发球

动作要领：面对球网两脚前后开立，左脚在前，两膝微屈，上体稍前倾，重心偏于右脚，左手持球于腹前。发球时将球抛起在体前右侧，离手约 20 厘米高。抛球前，右臂伸直，以肩为轴向后摆动。击球时，右脚蹬地，身体重心随着右手向前摆动击球移至前脚上，在腹前以手掌击球的后下方。手触球时，手指手腕紧张，手呈勺型。击球后，迅速进入场地。

（2）侧面下手发球

动作要领：左肩朝向球网，两脚左右开立，与肩同宽。两膝微屈，上体前倾，重心落在两脚之间，左手持球于腹前。发球时，左手把球平稳抛送于胸前，距身体约一臂远。离手约 30 厘米高。抛球同时，右臂摆至右侧后下方，接着利用右脚蹬地向左转体的力量带动右臂向前上方摆动，在腹前用全掌击球的右下方。

（3）正面上手发飘球

动作要领：击球前的动作与正面上手发球相同，只是抛球稍低、不旋转。挥臂时由后向前做直线加速挥摆，用掌根或半握拳击球的后下部，用力要突然、短促，使作用力通过球体中心，球在飞行中不旋转而产生飘晃。击球后做手臂突停、下拖、突停回收或平砍等动作，可以发出不同性能的飘球。

3. 传球

传球是排球技术之一，是利用手指手腕的弹击动作将球传至一定目标的击球动作。传球是排球运动中的重要技术，是组织进攻战术的基础。

（1）正面传球

动作要领：传球时拇指、食指和中指承担球的压力，其余手指触球两侧协助控制球。球触手的瞬间手指和手腕应保持一定的紧张程度，利用其弹力和伸臂与脚蹬地的协调力量传球。

（2）侧向传球

动作要领：身体不转动，主要靠双臂向侧方伸展的传球动作叫侧传。侧传有一定的隐蔽性。准备姿势和迎球动作与正面传球相同，击球点保持在脸前或稍偏于出球方向一侧。一侧手臂要低一些，另一侧手臂要高一些。用力时，蹬地后上体要向出球方向倾斜。双臂向传出一侧用力伸展，异侧手臂动作幅度较大，伸展较快。

（3）跳传

动作要领：跳起在空中传球叫跳传。跳传在当前的排球比赛中已被广泛运用，有的优秀运动员甚至把跳传作为主要的传球方式，这是因为跳传的击球点较高，能有效地缩短传扣的时间间隔，保证快速进攻战术的实施。同时跳传还能与两次球进攻战术联系在一起，因此具有较大的迷惑性。

跳传的起跳动作无论是原地起跳还是助跑起跳，都最好向上垂直起跳，保持身体的平衡，当身体上升到最高点时，靠迅速伸臂以及加大指腕力量将球传出。跳传可以正传、背传和侧传，其传球手形、击球点分别与正传、背传、侧传的手形和击球点基本相同。

4. 垫球

垫球是排球基本技术之一，是通过手臂或身体其他部位的迎击动作使来球从垫击面上反弹出去的击球动作。

5. 扣球

扣球是队员跳起在空中用一只手或手臂将本方场区上空高于球网上沿的球击入对方场区的一种击球方法。扣球是排球比赛中最积极最有效的进攻手段，是得分和得发球权的主要方法，是完成全队战术配合、决定胜负的关键技术。

（1）正面扣球

在排球运动中，最基本的扣球技术是正面扣球，只有掌握正面扣球的基础动作，才能学习和掌握其他难度大的扣球技术。

（2）勾手扣球

勾手扣球是队员在起跳后，左肩对网，通过转体动作，带动右臂向左上方挥动击球的一种方法。这种扣球适合于远网扣球或由后排调整过来的扣球。它可以扩大击球范围，并能弥补起跳过早或冲在球前起跳的缺陷。

（3）单脚起跳扣球

单脚起跳扣球是队员助跑的最后一步以单脚踏地，另一只脚直接向前上方摆动帮助起跳的一种扣球方法。在现代排球中由于各种冲跳扣球的大量采用，单脚起跳扣球有了新的发展前景。

6. 拦网

拦网是指在球网附近的队员，将手伸到高于球网上沿的位置，阻挡对方击过来的球并触及球，是排球的基本技术之一。

（1）单人拦网动作要领

准备姿势：面对球网，两脚左右开立，约与肩同宽，距球网 30 ～ 40 厘米。两膝稍屈，屈肘置于胸前。

移动：为了及时对准扣球点，一般情况下采用与网平行的移动，常用的移动步法有并步、滑步、交叉步、跑步。

起跳：原地起跳时重心降低，两膝弯曲用力，同时两臂在体侧屈肘做划弧线摆动，使身体垂直起跳。起跳的时机应根据对方的扣球变化而有所不同，一般应比扣球队员起跳晚半拍，但拦快球时应与扣球者同时起跳。

空中击球：拦网时，两臂贴耳垂直，两肩上提，两手距离不能超过球的半径，并要尽量接近球的上空。拦网时手指自然张开，手腕略后仰，手指微屈，分开呈勺形，以便包住球。当手触球时，两肩上送，两手要突然紧张，手腕用力下压，盖住球的前上方，将球拦在对方场内。

落地：拦网后要正面对网屈膝，缓冲落地。若未拦到或拦起球在本方时，则应在身体下落时向落球方向转体，便于后撤接应或反攻。

（2）集体拦网

集体拦网有双人拦网和三人拦网两种，集体拦网技术动作除了要求具备个人拦网技术要求外，还应注意互相配合。

集体拦网要确立以谁为主，密切协调配合。起跳时应避免互相冲撞或干扰。起跳后，手臂在空中既不要互相重叠，也不要间隔太大，以免造成拦击面小而漏球。身材高矮不同的队员要加强配合。身材高、弹跳力强或拦网好的队员，应排到拦网重要的 3 号区域，或对准对方的主攻者。

（3）学练方法

学练方法主要以徒手动作为主。

徒手原地模仿拦网动作，体会拦网的伸臂和拦击球动作。网前做原地起跳徒手拦网动作。

网前两人一组，隔网相对，做并步、交叉步等徒手移动拦网。要求移动迅速，两人密切配合。两人一组，徒手移动配合拦网。

网前三人站在本方高台上，分别持球在本区上空网上沿，多人在对方网前轮流移动拦网。要求起跳后在空中压腕"盖帽"并触球。

第二节　有氧运动项目训练

一、有氧运动的基本知识

（一）有氧运动的概念

从本质上来讲，有氧运动指的是长时间开展的运动或耐力运动，能够有效、充分地锻炼练习者的心、肺，也就是练习者的血液循环系统与呼吸系统，使其心肺功能得到提高，进而保证身体的各组织器官都能够获得充分的氧气供应，使得练习者最佳的身体功能状态得到维持。所以，有氧运动含义中所指的较长时间最好保持在20 分钟以上，且维持在 30 ~ 60 分钟，其运动形式应该对于练习者心肺功能的提高能够起到一定的促进作用，常见的有氧运动形式有步行、慢跑、原地跑、骑自行车、游泳、有氧健身操等。而短跑、举重、静力训练或健身器械等运动，一般被称作是无氧运动。虽然它们能够使人的肌肉与爆发力得到增强，但是不能够使练习者的心肺功能得到有效刺激。

（二）有氧运动的特性

在有氧运动开展的过程中，机体吸氧量同机体消耗的氧气量之间是大致相等的关系，只有这样，练习者才能始终处于"有氧"的状态下。一些在时间短与强度高的情况下也能完成的运动就是无氧运动，但是在无氧运动的过程中，练习者吸入的氧气量与消耗的氧气量难以维持相同水平，换句话说，练习者机体内部呈现"入不敷出"的氧气状态。如果练习者长期处于这种"缺氧"的状态，从事这样的无氧运动，将十分不利于自身机体的健康发展。

有氧运动会消耗机体的氧气，将一种不至于上气不接下气，但是会有轻微气喘的感觉带给练习者。有氧运动会使练习者不至于大汗淋漓，但是会轻微出汗；有氧运动不会使人感觉到肢体的疲劳，会舒展练习者的全身。好的有氧运动，并不是上肢或者下肢的局部运动，而是一种全身性运动。在悦耳的音乐背景下开展有氧运动，有利于练习者长时间的投入，从而取得更加良好的锻炼效果。对于有氧运动的特性，笔者进行了如下总结。

1. 需要开展较长时间的运动

有氧运动是一种需要开展较长时间的运动，最佳持续时间在 30 ~ 60 分钟，而练习者体内的糖或脂肪等物质的氧化为运动提供了所需要的能量。

2. 一种全身性的肌肉活动

对于有氧运动而言，在开展时练习者机体全身参加的肌肉越多，获得的效果就越好，最佳状态是 1/6 至 2/3 的肌肉群共同参与。反之，如果练习者开展的是小肌肉的局部性运动，那么就容易发生局部疲劳，导致运动过程直接中断，此时，想要持久开展是不太可能的；同时，这种情况下氧气消耗量也不够大，达不到改善与提高血液系统、呼吸系统与循环系统功能的效果。

3. 具备一定的强度

有氧运动应该保持在一个特定的强度范围，最好是在中等强度与低等强度之间，同时，应该保持 20 分钟或者更长的时间。

4. 具有一定的律动性

有氧运动实际上是一种肢体的律动性活动。如果运动是具备律动性的，那么就很容易对运动强度进行控制，从而维持合适的运动强度，获得最佳的效果。反之，如果运动是断续性的，那么就会存在较大的强度变化，运动效果就不理想。

二、有氧运动中各个项目的训练

（一）有氧健身走

"走"是人们生活中一种基本的运动形式，也是人们掌握最早的健身方法。它没有性别、年龄、体质强弱与场地器材的约束，因此，只要长时间坚持就能够获得强健身体、防治疾病的效果。

1. 有氧健身走的锻炼价值

世界卫生组织曾提出，步行是世界上最好的运动。在步行的时候，机体的大部分肌肉与下肢肌肉都得到了活动，可以防止肌肉萎缩。相关科学研究证明，如果一个人能长时间坚持步行，他的腿部肌肉群的收缩会比一般人多。如果人的步行速度较快，时间较长，路面存在较大坡度，就会产生较重的负担，主要表现为心跳加快，心肌收缩加强，能够有效地锻炼心脏。对此，医学家的观点是，对于大多数人而言，每天的行走路程应该至少保持在 60 分钟，也就是 5 千米。一名每天步行不超过 1 个小时的男子，同每天步行 1 个小时以上的男子相比，前者的心脏局部贫血率比后者会高出 4 倍。

饭前或饭后行走，不仅能够增加食欲，促进消化，同时还能够有效防治糖尿病。著名医学家孙思邈曾经发表过这样的观点，即"食毕当步行""行三里二里及三百二百步为佳"。现代医学也证明了，步行能够缓解神经肌肉紧张，促进大脑血液循环，所以能够使脑细胞的功能得到有效发挥。

2. 有氧健身走的基本技术

有氧健身走看起来简单，但是却有着巨大的学问。掌握有氧健身走的基本技术，形成正确的走姿，能够有效增强体质，使形体健美。

在有氧健身走时，应该摆正头部，双眼目视前方，自然伸直躯干，沉肩，微挺胸腰，微收腹。这样的姿势对于疏通经络是非常有效的，能够保证气血运行顺畅，使人体在良性的状态下活动。

在有氧健身走时，要前移身体重心，保证臀部与腿部之间的协调配合，同时要有适中的步幅与自然、有力的步伐，两只脚落地的时候要具备一定的节奏感。

在有氧健身走时，应该保证自然的呼吸，要尽量注意腹式呼吸的技巧，也就是说应该尽可能稍用力地呼气，自然地吸气，使步伐节奏和呼吸节奏之间协调配合，只有这样才能够在开展较长距离的步行时，减少自身的疲劳感。

在有氧健身走时，对于一些技巧要始终注意，即紧张和放松、借力和用力，也就是说，当用力步行几步以后，可以顺势借力再走几步，这样的转换方式能够大大提高步行的速度，同时会使人感到轻松，节省体力。

在有氧健身走时，一只脚同地面相接触的时候，应该有一个脚趾内收，也就是做"抓地"动作，这样能够对腿部与脚部的微循环起到一定的促进作用。

有氧健身走的速度取决于个人的实际情况。诸多研究证明，如果按照每分钟 80 ～ 85 米的速度连续行走超过 30 分钟，就能够获得最佳的健身、防病效果。

3. 有氧健身走的方式

（1）有氧健身走的自然步法

有氧健身走的自然步法主要包含三种，分别是自然步法的缓慢走、自然步法的普通走、自然步法的快速走，最佳步行速度分别是每分钟 60 ～ 70 步、每分钟 70 ～ 90 步、每分钟 90 ～ 120 步。通常来讲，有氧健身走的缓慢走与普通走对于一般保健而言是非常适用的。需要注意的是，如果步行者是患有高血压、冠心病、呼吸系统疾病或者脑卒中后遗症的老年人，那么步行的时间应该减少到 20 ～ 30 分钟；有氧健身走的快速走对于一般健身而言是比较适用的，活动的时间应该保持在 30 ～ 60 分钟。由于有氧健身走的快速走具有较大的运动强度，所以对于减肥者与需要增强心脏功能的人来讲是比较适用的。

（2）有氧健身走的摩腹散步法

摩腹散步法，主要是指在有氧健身走开展的过程中，用两只手对腹部进行柔和的旋转按摩。每步行一步就要进行一周的按摩，正转、反转交替进行。这种方法能够促进胃肠道的蠕动与胃液的分泌，同时对胃肠道疾病与消化不良有一定的防治作用。每天坚持摩腹散步，对消除腹部脂肪与保持优美形体有积极作用。

（3）有氧健身走的倒行法

在有氧健身走中，倒行法的主要动作如下。

预备姿势：立正身体、头部抬起、前挺胸部、双眼目视前方，保持拇指的向后状态，对"肾俞"穴位进行按压，同时向前伸出四指。

倒行时的动作：从左脚开始，尽量地向后抬左边大腿，之后再向后迈出，后移全身的重心，保持前脚掌与地面的接触，将重心移至左脚，之后换成右脚，交替进行。为了保证安全，有氧健身走的倒行法应该选择在平坦的、没有障碍物的场地进行。

日常生活中，躯体向前的活动量比向后的活动量要多很多，加上背伸活动较少，不平衡的躯体俯仰活动的存在，很容易出现人体腰肌劳损、姿势性驼背、四肢关节功能障碍等问题。有氧健身走的倒行法能够保证腰部肌肉放松或者收缩的规律性，同时可帮助改善腹部的血液循环，加强腰部组织的新陈代谢。长期坚持有氧健身走的倒行法，能够有效防治姿势性驼背、腰肌劳损等情况，并且能够保持形体健美，增强运动能力。

（4）有氧健身走的摆臂步行法

运用有氧健身走的摆臂步行法时，需要前后用力地摆动双臂，步行速度应保持在每分钟 60 ~ 90 步，这样能够促进胸廓与肩部的活动。此种方法非常适合患有慢性呼吸系统疾病的人。

（5）有氧健身走的竞走法

有氧健身走的竞走法应该保持躯干的直立状态，或者是向前稍倾躯干，两只手臂之间呈现 90° 左右的角度，同双腿的前后摆动相配合。脚跟应该先着地，之后全脚掌滚动落地，同时要伸直膝关节。当脚步落到地面以后，应该按照惯性前移身体，当支撑腿与地面保持垂直状态时，向前摆出摆动腿的大腿，同时随着大腿将小腿向前摆出，此时，摆动腿能够对同侧髋关节起到带动作用，使之向前送出。有氧健身走的竞走法比较适合中青年人，能够增强关节的灵活性与耐力。此外，该种方法也可短期调剂于散步之间，以减少长期一种姿势走路而引发的疲劳感，增加有氧健身走的乐趣。

（6）有氧健身走的爬楼健身法

在有氧健身走的爬楼健身法进行的过程中，大步蹬跨楼梯能够充分地锻炼到大腿的肌肉；轻快地用脚掌一级一级地往上,能够同时锻炼左脑和右脑；在上楼梯的时候，保持小步匀速的状态，能够使多个关节参与其中，如上肢关节、背部关节、腰部关节和腿部关节等。有氧健身走的爬楼健身法能够促进心率加快，增大肺活量。

登楼梯作为有氧锻炼的一种形式，属于较为激烈的一种。在开展爬楼健身法时，需要练习者具有良好的健康状态，通常采用的运动方式有走路、跑步、多级跳与多级跨越等。练习者可以从环境条件与自身的身体状况出发，选择适宜自己的锻炼方式。刚刚开始练习的人，应该保持 20 分钟的慢速活动，然后随着体能的增加，逐渐加快速度，或者延长持续时间。当体能的承受时间能够维持在 30～40 分钟时，就能够向跑、跳或者是多级跨楼梯逐步过渡了。

此外，有氧健身走还有脚跟走法、蹬腿走法、边聊边走法等多种类型。

4.有氧健身走的要求

（1）放松精神

对于行走，古人的观点是，应该保持一种闲暇自如的状态。也就是说，应该尽可能地放松精神，只有这样才能够充分调剂精神、解除疲劳。

（2）重视时间与地点的适当选择

首先，有氧健身走的适宜时间是饭后一个小时，临睡前、傍晚或者清晨。其次，有氧健身走应选择最佳的环境，最好选择空气新鲜、树木较多且车辆较少的地方，如海边、河边或者湖边。需要说明的是，尽量选择平坦的道路。此外，如果身体状态不是很好，还可以在保证空气新鲜的前提下，按照同样的时间在家中活动。

（3）持之以恒

为了能够顺利实现健身的目的，每天最好进行 30～60 分钟的步行。但是并不是每个人都能够保证每天花费一个小时去完成体育锻炼，因此，就需要通过不同的途径与方法在日常生活、学习和工作中尽可能地多走动。例如，上学或者上班的时候不再选择代步工具，而是步行，需要步行购物时尽可能选择稍远的商店，上下楼选择登楼梯而不是乘电梯，等等。所以，每天 60 分钟的运动量可以分成 2～3 次来完成，并非要一次性完成。

（4）保持适中速度

每个人自身的健康状况直接决定了其走路的速度，可以是快速的，可以是慢速的，也可以是不快不慢的中速。在有氧健身走的初级阶段，最好保持缓慢的速度，也就是说每分钟走 60～70 步就可以，即每小时 3～4 千米。当此种锻炼状态保持两周以后，可以进行中速行走，也就是每分钟走 70～90 步就可以，即每小时 4～5 千米。保持此种锻炼状态到第四周以后，就可以进行快速行走，也就是每分钟走 90～120 步，即每小时 5～7 千米。需要注意的是，在每一次开展健身走的过程中，不能走走停停或者时快时慢，最好保持匀速状态。

（5）控制好路程

步行路程的确定，取决于练习者年龄状况或者健康状况。

在有氧健身走刚刚开始的时候，可以先短距离散步，之后每周延长路程。最为理想的锻炼方法是缓慢增加路程，而不是急于求成。

（6）注意衣着

在有氧健身走时，最好身着运动衣，脚穿运动鞋。

（7）保持适宜的运动量

在有氧健身走时，对于运动量的控制主要取决于脉搏、食欲、睡眠和身体反应等一些自我感受。例如，如果以心率作为衡量标准，那么最好保持每分钟 100 ~ 120 次的步行心率。如果练习者的食欲好、睡眠佳、身体没有明显的不适，那么就说明现在的步行量是合适的。无论选择何种健身方式，都应该按照每个人的健康状况来确定运动强度与运动量，且应持之以恒、循序渐进，不能操之过急。

（二）有氧健身跑

下文提及的有氧健身跑，是指通过跑步来增强身心健康的一项群众性的健身活动。

1. 有氧健身跑的锻炼价值

有氧健身跑的价值主要会通过以下几个方面来表现。

有氧健身跑能够保护心脏，能够促进冠状动脉血液循环。长期开展有氧健身跑锻炼活动的人，其冠状动脉并不会随着年龄的增长而缩窄，有氧健身跑能够保证心肌供血充足，进而有效预防各种心脏病。

有氧健身跑能够加速血液循环，调整血液分布，消除瘀血，提高呼吸系统功能。作为一种全身性的健身运动，有氧健身跑能够减少盆腔和下肢静脉淤血，预防静脉血栓。此外，有氧健身跑可以加强呼吸力量，加大呼吸深度，有效增加肺部的通气量，对呼吸系统产生积极影响。

有氧健身跑能够增强神经系统的功能，消除脑力劳动者的疲劳，预防神经衰弱。有氧健身跑能够调整大脑皮质的抑制与兴奋，同时对人体内部平衡、精神状态与情绪调剂也有一定的调整作用。

有氧健身跑能够促进人体新陈代谢，控制体重，预防肥胖症。在有氧健身跑时，能量的消耗能够促进机体的新陈代谢，较好地实现减肥的目的。此外，有氧健身跑还能够改善脂质代谢，预防血内脂质过高，进而对高脂血症起到一定的预防与治疗作用。

2. 有氧健身跑的基本技术

（1）有氧健身跑的姿势

在有氧健身跑时，练习者应该保持正确的跑步姿势，这样才能在节省体力的基础上跑得更快。练习者应该保持身体向前微倾，头部和上体不要左右摇晃，应该始终保持在一条直线上。练习者摆动双臂，不仅有助于维持身体的平衡，还能够对两条腿的摆动动作与蹬地动作起到一定的帮助作用，使跑步的速度得到加快。双臂应该同躯干保持一定的距离，同时自然地前后摆动；双手应该保持半握拳的自然状态，适当弯曲肘关节，把肩关节作为轴，在做前摆动作时，尽可能地不将肘部露出来，在做后摆动作时，尽可能地不将手部露出来。同时，切忌做低头动作、端肩动作与弯腰动作。之所以向后蹬双腿，是为了产生身体前进的推动力，需要注意的是，应该积极有力地进行后蹬，充分伸直髋关节、膝关节与踝关节，腿部的前摆能够加大有氧健身跑的步伐，在做前摆动作时，练习者应该放松大腿，同时向前按照惯性自然折叠。

（2）有氧健身跑的呼吸

有氧健身跑需要比较大的体力消耗。在有氧健身跑时，练习者需要通过肺部吸收大量的氧气，排出二氧化碳。疲劳出现的快慢，主要取决于肺部换气量是否充分，呼吸动作是否正确。有氧健身跑时应该尽量用鼻子呼吸，如果呼吸深急，也可以利用口部进行协助。有氧健身跑的呼吸应该深而慢，具有一定的节奏，通常是每两步呼一次，每两步吸一次，还可以是每三步呼一次，每三步吸一次。如果有氧健身跑的速度不断加快，那么呼吸深度也应不断加深，节奏加快，满足自身的氧气需要。

如果练习者开展的是较大强度的有氧健身跑练习，那么呼吸频率就会快速增加，刚刚开始练习的人一般会感觉呼吸困难，要防止呼吸困难，首先需要适当安排运动强度与负荷量，量力而行；其次，要重视呼吸的动作，调整呼吸的节奏，加大呼吸的深度。

3.有氧健身跑的方式

（1）有氧健身跑的慢速放松跑

在有氧健身跑中，相对比较简单的就是慢速放松跑，练习者可以根据自身体质确定速度。体弱者或者老年人可以保持稍快于步行的速度，尽量保持不大喘气，放松全身肌肉，自然摆动双臂，保持步伐轻快。在有氧健身跑开始时，要注意呼吸的节奏，保证缓、伸、细、长。一般来讲，有氧健身跑的最佳锻炼时间是每天 20～30 分钟，每周 5～6 次，当然每隔一天开展一次也是可以的。

（2）有氧健身跑的变速跑

有氧健身跑的变速跑是在进行有氧健身跑时将慢跑与快跑相结合，交替进行的跑步方式，此种方法适合体质较好的练习者。在开展有氧健身跑变速跑时，练习者可以根据自身的身体状况随时改变速度。例如，练习者可以交替进行快速跑与慢速跑，或者是交替进行快速跑与中速跑，等等。如果练习者的锻炼水平不断地提升，那么就可以逐渐加大运动量，最大限度地发挥有氧健身跑的作用。

（3）有氧健身跑走跑交替

有氧健身跑走跑交替进行的方式对于身体素质较弱、刚开始进行练习的人来说是比较有效的。如果练习者能够坚持运用有氧健身跑走跑交替的方式进行锻炼，一段时间后就能够达到 15 分钟的跑步时间，继续坚持就能不断延长跑步时间。

进行有氧健身跑走跑交替时，还可以做出其他的一些改变，例如，在走跑交替中加入跑跳交替练习，也就是说跑步一段时间后进行 3 ～ 5 次的跳跃，再跑步一段时间后，再进行 3 ～ 5 次的跳跃。这种方式能使练习者的肌肉关节得到一定的调整，同时能缓解练习者的疲劳，锻炼弹跳力，增加跑步乐趣。

（4）有氧健身跑的定时跑

有氧健身跑的定时跑主要包含两种形式。其一，练习者每天都应坚持一定时间、没有速度限制的跑步。例如，在第一阶段，应有 10 ～ 20 周的适应期，每周跑步 3 次，同时每次应有 15 分钟的连续跑；第二阶段，练习者应有 6 ～ 8 周的适应期，每周跑步 3 次，同时每次应有 20 分钟的连续跑；第三阶段，练习者应有 4 周的巩固期，每周跑步 3 ～ 5 次，同时每次应有 30 分钟的跑步时间。对于那些能够承担更大强度锻炼的年轻人来讲，还可以每周进行 3 次跑步，每次达 45 分钟，最大的承受时间是 60 分钟。其二，在限定时间内跑完一定的距离。在练习的开始阶段，练习者可以在较长的时间内跑完较短的距离。例如，在 5 分钟内跑完 500 米，之后随着练习者身体素质水平的提升逐步缩短跑步时间，或者加快跑步速度，以提高练习者的速度耐力。

（5）有氧健身跑的跑楼梯

有氧健身跑的跑楼梯是一项需要全身参与的有氧运动，不仅能够增强练习者的心肺功能，还不受性别、年龄的限制。练习者不需要有任何花销，且能够灵活地掌握运动量。这些优点使有氧健身跑的跑楼梯成为日常生活中减肥去脂的有效方式。跑楼梯时，颈部、背部、腰部和肢体等部位都需要不间歇地进行活动，同时，还要有节奏地放松、收缩肌肉，从而使肺活量增加，身体代谢加快，心肺功能增强。

（6）有氧健身跑的越野跑

有氧健身跑的越野跑指在森林、山地、田野或者是公路等户外进行的健身跑锻炼活动。有氧健身跑的越野跑能将自然与运动锻炼紧密联系在一起，具有十分显著的健身效果。

4. 有氧健身跑的要求

进行有氧健身跑锻炼时，不同的对象有不同的活动要求，具体内容如下。

少年儿童不适合跑太长的路程，跑步时也不应该用太快的速度，应避免负担过重。7 ～ 10 岁的练习者，每次可以跑 800 米左右；11 ～ 14 岁的练习者，每次可以跑 1500 米；15 ～ 17 岁的练习者，每次可以跑 3000 米。

中老年人在锻炼活动开始之前进行一些身体检查是非常必要的，即检查练习者是否存在不适宜跑步的禁忌证。为了保证安全，中老年人在有氧健身跑时，应该先快速步行，通过自我感觉来判断是否有不适感。确定没有不适感之后，才能开始走跑交替练习。要保证适宜的路程与速度，不能太过急切。

通常来讲，疾病的急性期与严重期不宜进行有氧健身跑，但是慢性病则不同。例如，慢性肾炎、慢性胃肠炎、慢性肝炎、神经衰弱、早期高血压、肺结核钙化期与轻度冠心病等人群也是可以进行有氧健身跑活动的。有氧健身跑锻炼活动，能够改善练习者的心理状态与精神状态，同时能够改善练习者的睡眠与食欲，对于疾病的治疗非常有帮助。当然，需要注意的是，慢性病练习者应该随时注意自身的身体变化，量力而行，避免过度劳累的情况。

对于有氧健身跑的练习者而言，不论性别和年龄，如果有氧健身跑的练习活动已经停止4～12周，那么其训练水平就会降低；如果有氧健身跑的练习活动已经停止4～8个月，那么练习者的训练水平肯定会逐渐下降到锻炼活动开始之前的水平。

综上所述，有氧健身跑是一种需要较大体力消耗的体育运动项目。冬季气温较低时，练习者在开始有氧健身跑练习活动之前必须做好准备活动，防止运动损伤。如果每天都进行有氧健身跑，练习者就需要适当地补充盐分与水分。夏季时，可以在凉爽的清晨或者傍晚开展有氧健身跑练习活动。当有氧健身跑练习活动结束以后，应该适当做一些整理活动。

参考文献

[1] 蔡春娣. 高校足球运动教学与系统训练研究 [M]. 北京：北京工业大学出版社，2019.

[2] 蔡开疆，郭新斌，宋志强. 体育运动与教学指导 [M]. 天津：天津科学技术出版社，2019.

[3] 曾秀英. 以内容现代化为改革方向的高校体育课程教学探索实践 [J]. 农家参谋，2020（4）：274+279.

[4] 常德庆，姜书慧，张磊. 高校体育教学与运动训练研究 [M]. 长春：吉林出版集团股份有限公司，2020.

[5] 丁鼎，李睿珂. 运动训练与体育教学 [M]. 北京：中国原子能出版社，2019.

[6] 丁玉旭. 高校阳光体育的个性化体育教学研究 [J]. 才智，2020（21）：148-149.

[7] 方婷. 体育教学中运动技术的定位及传习特征的研究 [D]. 金华：浙江师范大学，2020.

[8] 冯子豪. 体育运动训练基本原则与其对高校体育教学的启示 [J]. 科技资讯，2022，20（17）：179-181.

[9] 高瑞. 运动训练与体育教学模式创新 [M]. 北京：九州出版社，2018.

[10] 高瑜. 高校体育教学内容与方法的创新策略分析 [J]. 当代体育科技，2020，10（5）：137+139.

[11] 李宝成. 现代教育技术与高校体育教学改革研究 [J]. 武当，2020（9）：87-88.

[12] 刘山玉. 体育教学与运动训练研究 [M]. 北京：中国原子能出版社，2017.

[13] 桑梦礼. 高校体育田径教学训练量与训练强度的提升探析 [J]. 江西电力职业技术学院学报，2022，35（2）：30-31.

[14] 沈建敏. 体育教学创新与运动训练研究 [M]. 北京：新华出版社，2018.

[15] 盛城. 论体育游戏在高校体育教学改革中的运用 [J]. 健与美，2022（7）：120-122.

[16] 唐进松，陈芳芳，薛良磊. 现代体育运动训练理论与方法探索 [M]. 北京：中国商务出版社，2019.

[17] 王培辉. 体育运动项目技能教学与训练研究 [M]. 哈尔滨：哈尔滨出版社，2020.

[18] 王欣. 现代体育教学与运动训练研究 [M]. 长春：吉林大学出版社，2018.

[19] 荀盛龙. 高校体育教学内容结构创新与实践研究 [J]. 食品研究与开发，2021，42（23）：251.

[20] 张建梅. 高校体育教学与大学生体能训练 [M]. 长春：吉林科学技术出版社，2020.

[21] 张路. 运动训练专业大学生的体育创新能力量表研制与应用研究 [D]. 杭州：杭州师范大学，2022.

[22] 张延嘉，李仁萍. 体育教学与运动训练 [M]. 长春：东北师范大学出版社，2017.